Clause de non-responsabilité

Les auteurs et éditeurs de ce livre n'assument aucune responsabilité pour les éventuels dommages ou pertes qui pourraient résulter de l'utilisation des informations et exemples contenus dans ce livre. Il incombe à chaque utilisateur de veiller au respect des droits d'auteur, des règles de citation et des autres exigences légales.

Il est de la responsabilité de chacun de se familiariser avec les règles et règlements respectifs de son université, de sa haute école ou de son école et de clarifier les procédures qui sont légalement autorisées et celles qui sont considérées comme du plagiat. Le contenu de ce livre est exclusivement destiné à l'information et à la formation continue et ne doit en aucun cas être considéré comme des recommandations directes pour la rédaction de textes académiques. Les exemples présentés visent uniquement à donner des idées et à illustrer les différents aspects de la rédaction académique avec ChatGPT.

Les auteurs et les éditeurs ne garantissent pas l'exactitude, l'exhaustivité et l'actualité des informations et des exemples contenus dans ce livre. Il appartient à chaque utilisateur d'effectuer des recherches supplémentaires et de porter un regard critique sur les informations présentées dans ce livre.

Contenu

Introduction

L'avenir de l'intelligence artificielle (IA) est un sujet qui préoccupe de plus en plus l'humanité. Nous sommes à l'aube d'une nouvelle ère, dans laquelle l'IA pourrait changer notre vie quotidienne de manière fondamentale, à l'instar de la machine à vapeur ou d'Internet autrefois. Mais qu'est-ce qui nous attend exactement ? Comment l'IA va-t-elle influencer notre quotidien, notre monde du travail et peut-être même nos convictions les plus profondes ?

Imagine un avenir dans lequel ton jardin est un chef-d'œuvre d'entretien, sans que tu aies à lever le petit doigt. Tu sors dans ton paradis vert et tout est parfait, non pas grâce à ton dur labeur, mais grâce à l'incroyable intelligence d'un robot. Ce robot n'est pas qu'un simple assistant de jardinage ; c'est un jardinier virtuose qui comprend intuitivement tes désirs et tes aversions les plus profonds. Il connaît chaque fleur qui réjouit ton cœur et chaque brin d'herbe qui flatte ton œil. Imagine que tu as plus de temps pour toi, tandis que ton jardin se transforme en une oasis parfaite, précisément adaptée à tes préférences. Cela ressemble à un rêve ? Grâce aux développements révolutionnaires de la technologie IA, ce scénario est à portée de main. Plongez dans un monde où les frontières entre l'homme et la machine s'estompent et où le rêve de tout amateur de jardinage devient réalité !

Mais l'IA n'a pas seulement le potentiel de nous soulager du travail physique. Elle peut également nous aider à effectuer des tâches intellectuelles complexes. Les médecins pourraient par exemple être assistés par des systèmes d'IA qui analysent les radiographies et détectent les signes de maladies bien avant qu'un œil humain n'en soit capable. Cela pourrait améliorer considérablement la détection précoce de maladies telles que le cancer.

Et puis, il y a les questions éthiques et sociétales qui découlent du développement de l'IA. Qui est responsable si une IA fait une erreur ? Comment gérons-nous la protection des données ? Et surtout : qu'advient-il des personnes dont les emplois pourraient être remplacés par des systèmes d'IA ?

L'avenir de l'IA est donc un vaste domaine aux multiples facettes. C'est un avenir plein de promesses, mais aussi de défis. La manière dont nous relèverons ces défis déterminera si l'IA sera une bénédiction ou une malédiction pour l'humanité. Une chose est cependant sûre : l'IA va arriver et elle va changer notre vie. La question n'est pas de savoir si, mais comment. Et c'est à cette question que nous devrions être préparés.

Rétrospective

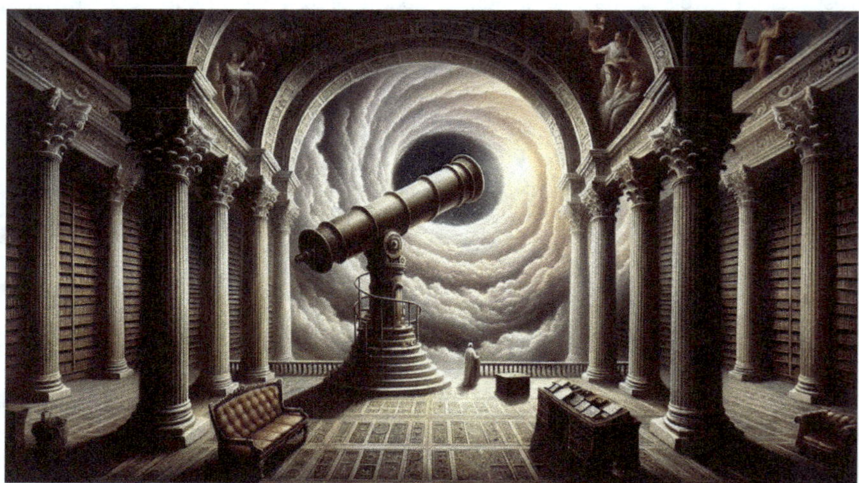

Mais avant de plonger tête baissée dans le monde fascinant et en partie inconnu de l'intelligence artificielle du futur, il est utile de s'arrêter un instant et de jeter un coup d'œil en arrière. Le passé peut nous enseigner de précieuses leçons pour l'avenir. C'est un peu comme si tu faisais une longue promenade dans une forêt. Tu ne te mettrais pas en marche sans t'orienter, n'est-ce pas ? Tu commencerais par regarder sur une carte d'où tu viens et quels chemins tu as déjà empruntés, afin de t'assurer que tu ne tournes pas en rond ou que tu ne te perdes pas.

L'histoire de la technologie a toujours été jalonnée d'inventions révolutionnaires qui ont transformé notre société. Pensez à l'invention de l'imprimerie, qui a démocratisé le savoir, ou à la découverte de l'électricité, qui a illuminé nos villes et nous a apporté une multitude de merveilles technologiques. Toutes ces innovations ont comporté d'énormes avantages, mais aussi des défis et des risques.

Comment avons-nous maîtrisé ces risques ? Que pouvons-nous apprendre des expériences passées pour mieux évaluer les opportunités et les risques de l'intelligence artificielle ? Si nous comprenons l'histoire de la technologie et son impact sur l'humanité, nous pourrons peut-être gérer les changements à venir de l'IA de manière plus intelligente et plus responsable.

Il vaut donc la peine de prendre d'abord un peu de recul et de considérer les développements et les événements qui nous ont amenés à ce point passionnant. Ce n'est qu'alors que nous pourrons envisager l'avenir passionnant, mais aussi plein de défis, de l'intelligence artificielle avec des connaissances solides et une perspective claire.

Débuts précoces

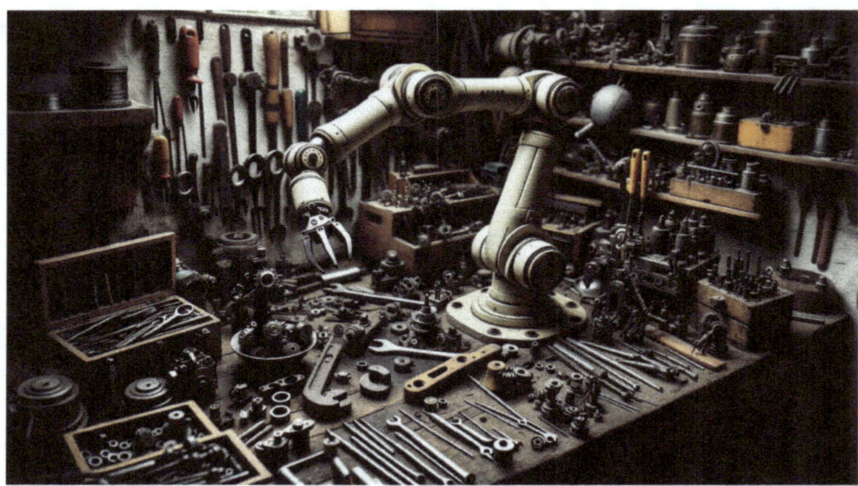

L'histoire de l'intelligence artificielle est un kaléidoscope fascinant de théorie, d'applications pratiques et de visions toujours en devenir. Contrairement à ce que l'on pourrait penser, elle ne commence pas à l'ère des ordinateurs, mais peut même être retracée jusqu'aux Grecs anciens. Il existait déjà à l'époque des mythes sur des êtres vivants créés artificiellement, comme Talos, le géant de bronze, ou les serviteurs mécaniques d'Héphaïstos. Mais bien que ces récits datent d'une époque où l'IA était encore un pur fantasme, ils posent les bases du rêve de l'humanité de créer des machines capables de penser.

Années 1950 : l'heure de la naissance

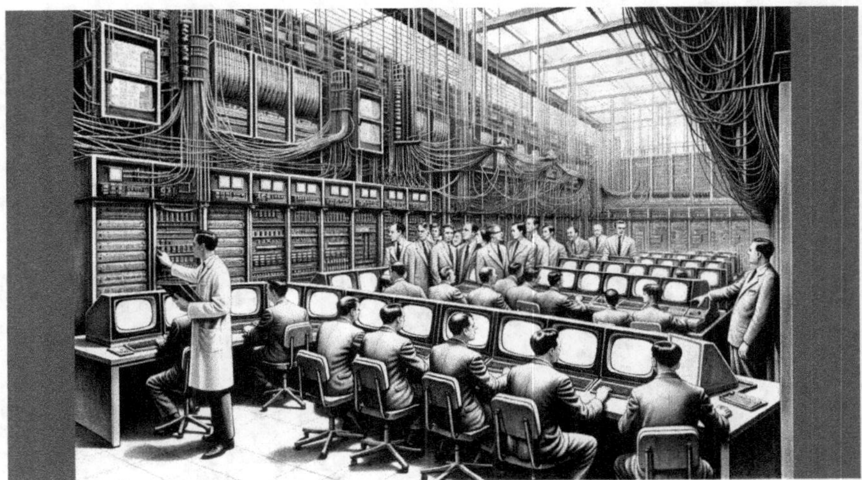

La recherche moderne sur l'IA a commencé dans les années 1950. Une étape importante a été franchie en 1956, lorsque le terme "intelligence artificielle" a été utilisé pour la première fois lors d'une conférence au Dartmouth College, aux États-Unis. Des chercheurs comme Alan Turing, qui avait déjà posé les bases des ordinateurs dans les années 1940, étaient des pionniers dans ce domaine.

C'est à l'époque moderne que la recherche en IA a vraiment pris son envol, surtout après la Seconde Guerre mondiale, lorsque les premiers ordinateurs ont été développés. L'un des pionniers de ce domaine était Alan Turing, un mathématicien et informaticien britannique. Avec le test de Turing, il a posé la question de savoir si une machine pouvait penser de telle manière qu'il soit impossible de la distinguer d'un être humain. À l'époque, personne ne pouvait imaginer le chemin parcouru aujourd'hui dans la recherche sur l'IA, mais Turing a posé la première pierre de ce qui allait suivre.

Années 1960 et 1970 : premiers succès et échecs

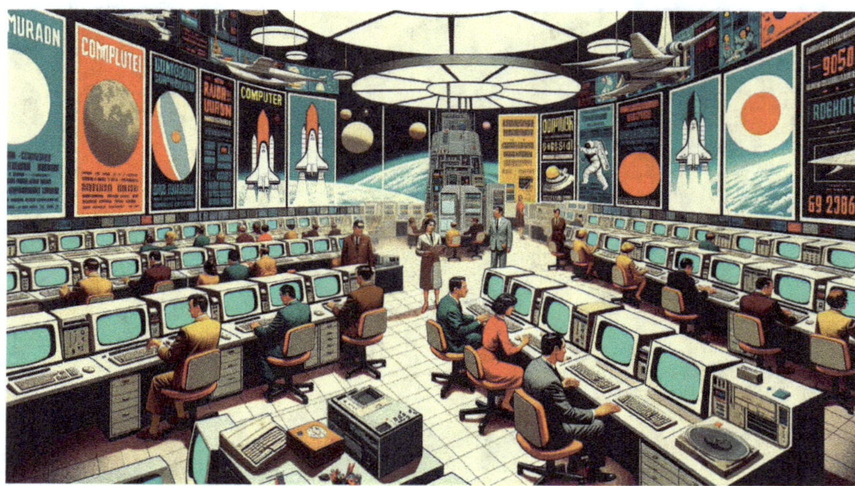

La fin du 20e siècle a été marquée par un mélange de progrès et de revers. Les années 1960 et 1970 ont été marquées par de grandes vagues d'optimisme. Des chercheurs comme Marvin Minsky et John McCarthy, qui ont inventé le terme "intelligence artificielle", étaient convaincus que les machines atteindraient bientôt l'intelligence humaine. Cette phase a souvent été appelée par la suite le "printemps de l'IA". Mais la percée espérée n'a pas eu lieu. Les machines n'étaient pas en mesure d'atteindre, même de loin, la complexité de la pensée humaine, et la recherche se heurtait à des limites techniques et financières. Cela a conduit à des phases de "l'hiver de l'IA", au cours desquelles l'enthousiasme est retombé et les fonds de recherche ont afflué plus chichement.

Années 1990 : Internet et davantage de données

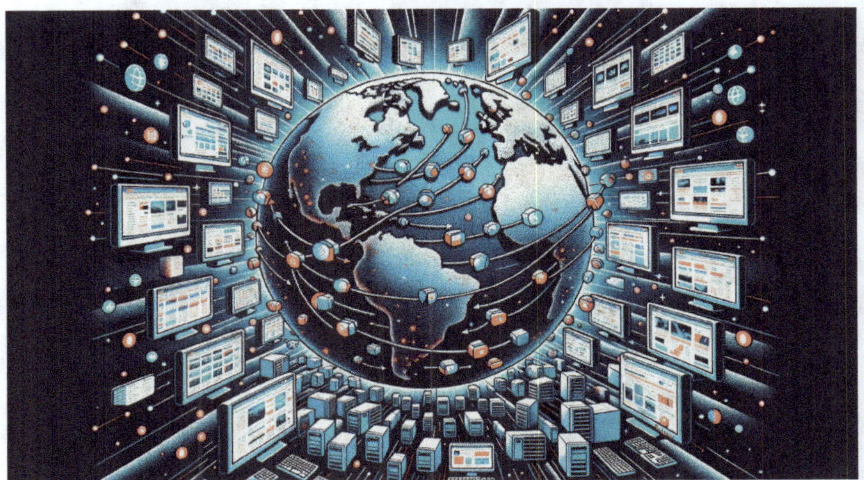

Dans les années 1990, l'IA a toutefois connu une renaissance, notamment grâce aux progrès réalisés dans le domaine de l'apprentissage automatique et de l'analyse des données. Les ordinateurs sont devenus plus puissants et Internet est devenu une autoroute mondiale de l'information. La combinaison d'un matériel amélioré et d'énormes quantités de données a permis d'entraîner des algorithmes capables d'effectuer des tâches complexes. Les moteurs de recherche comme Google, les assistants à commande vocale comme Siri et les véhicules autonomes sont entrés dans le domaine du possible.

Aujourd'hui : l'IA au quotidien

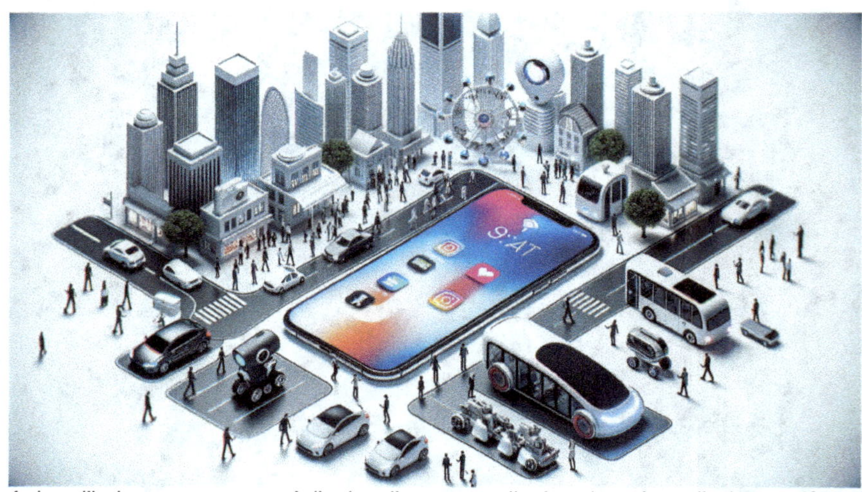

Aujourd'hui, nous sommes à l'aube d'une nouvelle ère dans laquelle les systèmes d'IA ne se contentent pas d'accomplir des tâches spécifiques, mais sont également capables de résoudre des problèmes variés et complexes. Que ce soit dans le domaine de la médecine, du changement climatique ou de l'industrie automobile, l'IA a le potentiel de changer fondamentalement notre monde.

L'histoire de l'IA est donc une histoire faite de hauts et de bas, de rêves visionnaires et de revers pragmatiques. Mais une chose est sûre : elle est loin d'être terminée. À chaque progrès et à chaque découverte, nous nous aventurons en terre inconnue, et qui sait quels territoires inexplorés de l'IA nous attendent encore.

Explication des termes : qu'est-ce que l'intelligence artificielle ?

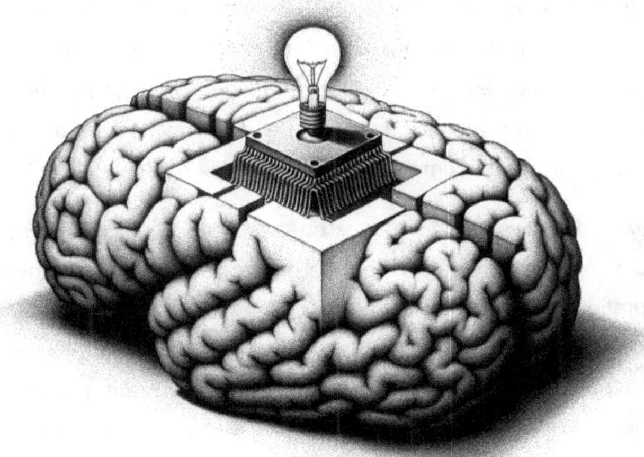

Maintenant que nous avons compris l'importance de revenir sur notre histoire technologique, nous pouvons aborder le sujet principal : Qu'est-ce que l'intelligence artificielle au juste ? Pour pouvoir discuter de l'avenir de l'IA de manière pertinente, nous devons d'abord développer une solide compréhension de base de ce domaine complexe. C'est comme pour la construction d'une maison : on ne commence pas par le toit, mais on pose d'abord des fondations solides. Ce n'est que lorsque nous saurons ce qu'est l'IA et comment elle fonctionne que nous pourrons réellement comprendre son impact potentiel et discuter utilement des opportunités et des risques.

Alors, concentrons maintenant notre attention sur ce domaine fascinant et plongeons plus profondément dans le monde de l'intelligence artificielle. Comme un jardinier qui examine le sol avant de semer ses graines, nous voulons clarifier les bases. Ce n'est qu'ainsi que nous pourrons être sûrs que les fruits de notre réflexion seront effectivement précieux et nourrissants pour notre compréhension.

L'intelligence artificielle n'est pas seulement un slogan que l'on entend aux informations ; c'est une technologie révolutionnaire qui a changé et continuera de changer notre vie dans de nombreux domaines. De la médecine à la mobilité, de la communication au divertissement, l'IA a le potentiel d'améliorer fondamentalement notre monde. Mais qu'est-ce que l'IA exactement, et pourquoi en existe-t-il autant de types différents ?

L'intelligence artificielle est un domaine de l'informatique qui s'occupe de développer des machines ou des logiciels de manière à ce qu'ils puissent effectuer des tâches qui nécessitent normalement l'intelligence humaine. Cela comprend des choses comme la reconnaissance vocale, la prise de décision, la perception visuelle et même des activités créatives comme la composition de musique.

L'une des caractéristiques fondamentales de l'intelligence artificielle est sa capacité d'apprentissage. À l'instar d'un élève qui ne cesse de s'améliorer dans une matière grâce à une pratique constante, un système d'IA peut apprendre de ses expériences ou de ses données et ainsi s'améliorer continuellement. Imagine que tu aies une tondeuse à gazon commandée par IA qui, au début, a du mal à atteindre tous les coins de ton jardin. Mais avec le temps, elle apprend de ses erreurs et adapte son itinéraire pour tondre la pelouse plus efficacement.

Cela nous amène au point suivant, la capacité d'adaptation. Les systèmes d'IA ne sont pas seulement programmés pour accomplir une seule tâche ; ils ont la capacité de s'adapter à des situations nouvelles ou inattendues. Si nous reprenons l'exemple de la tondeuse à gazon : imaginez que vous plantez un nouvel arbre dans votre jardin. Un système d'IA adaptatif remarquerait ce changement et adapterait son itinéraire en conséquence, sans que tu aies à intervenir manuellement.

Last but not least, l'autonomie. Certains systèmes d'IA avancés sont capables de prendre des décisions de manière autonome, sans qu'une intervention humaine ne soit nécessaire. Cela est particulièrement utile pour les tâches complexes, où l'intervention humaine pourrait être inefficace, voire dangereuse. Un exemple serait une voiture pilotée par IA, capable de réagir à des obstacles soudains, comme un arbre tombé, et de prendre une décision autonome pour éviter un accident.

Maintenant que nous avons développé une compréhension de base de ce qu'est réellement l'intelligence artificielle - à savoir l'imitation de l'intelligence humaine par des machines - il est utile de se plonger plus profondément dans ce sujet fascinant. Tu seras surpris de voir à quel point le monde de l'IA peut être varié et complexe. Il ne s'agit pas simplement d'un bloc uniforme de technologie, mais d'un domaine dynamique qui englobe de nombreuses approches et méthodes différentes. Tout comme il existe différents métiers et talents parmi les humains, il existe également différentes "spécialités" dans l'IA. Pour mieux comprendre toute l'étendue et les possibilités fascinantes de l'IA, examinons maintenant de plus près les différents types d'intelligence artificielle.

Dans la recherche, il existe souvent une classification des différents types d'intelligence artificielle en fonction des capacités qu'ils possèdent. On distingue généralement trois catégories principales : les IA faibles, les IA fortes et les IA superintelligentes :

IA faible (Narrow AI)

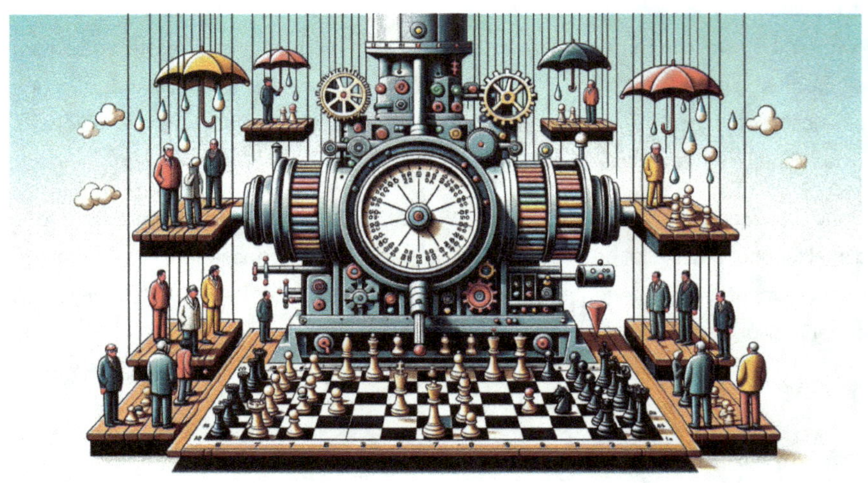

Qu'est-ce que c'est ?

L'IA faible est spécialisée dans une tâche spécifique et ne peut agir que dans ce domaine particulier. Elle n'a pas d'intelligence générale ni de conscience.

Imagine une IA faible comme un serveur talentueux dans un restaurant. Ce serveur est excellent pour prendre les commandes, servir les bons plats et s'assurer que les clients se sentent bien. Mais si tu amenais ce serveur dans un garage, il y serait complètement dépassé. Son expertise et ses compétences sont spécialisées et limitées.

Exemples :

- Les assistants vocaux comme Alexa ou Siri, spécialisés dans la reconnaissance et le traitement de la parole.

- Logiciel de reconnaissance d'image utilisé en médecine pour analyser les radiographies.

IA forte (IA générale)

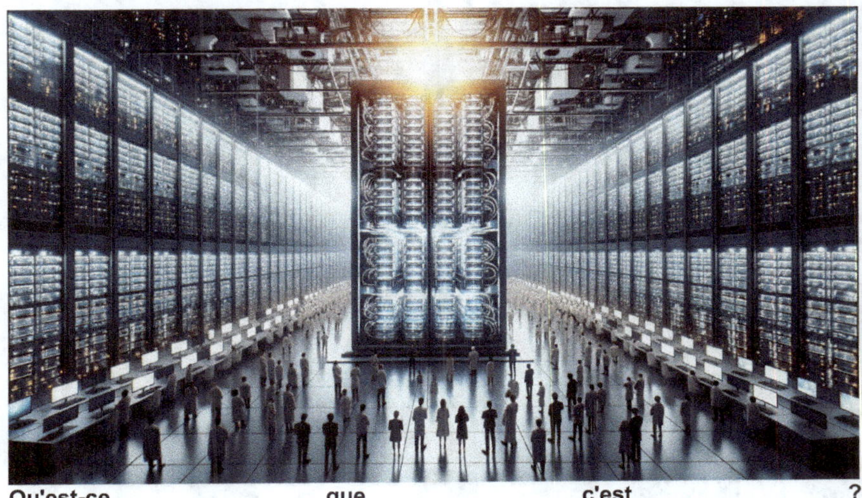

 L'IA forte est un concept théorique d'une machine qui aurait la capacité d'accomplir toute tâche intellectuelle qu'un être humain pourrait accomplir. Elle aurait sa propre conscience, des émotions et la capacité d'apprendre et de penser de manière indépendante.

Une IA forte serait comme une personne aux multiples talents qui pourrait aussi bien travailler comme serveur, réparer une voiture ou écrire un livre. Elle pourrait apprendre de nouvelles compétences et s'adapter à différentes situations, presque comme un être humain.

Exemples :

- Jusqu'à présent, l'IA forte n'existe que dans la science-fiction, comme par exemple le robot Data dans "Star Trek" ou HAL 9000 dans "2001 : l'Odyssée de l'espace".

IA super intelligente (Super AI)

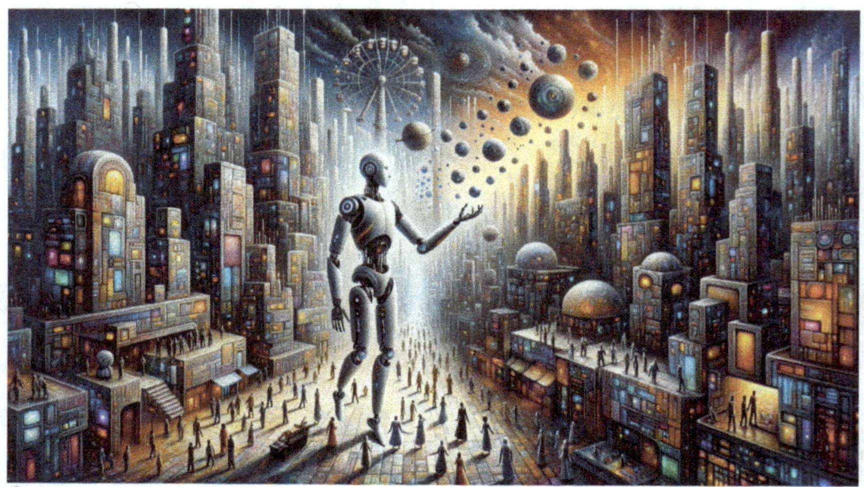

Qu'est-ce que c'est ?

Le concept d'IA superintelligente va encore un peu plus loin que l'IA forte. Alors que l'IA forte vise à reproduire l'intelligence humaine dans différents domaines et capacités, l'IA superintelligente devrait même la dépasser. Cela signifie qu'elle serait capable d'effectuer des tâches et de résoudre des problèmes d'une complexité inimaginable pour les humains. Elle pourrait réfléchir plus rapidement, aurait accès à un énorme pool de données et pourrait théoriquement être meilleure que l'homme à tous les niveaux, que ce soit dans la recherche scientifique, dans l'art ou dans la compréhension sociale.

Imagine une IA super intelligente comme un scientifique qui a non seulement lu tous les livres de la bibliothèque mondiale, mais qui a également la capacité de générer de nouvelles connaissances en quelques secondes. Ce scientifique serait capable de résoudre mentalement des équations complexes, de trouver la cause de maladies jusqu'ici incurables et même de résoudre des problèmes sociaux ou politiques qui préoccupent l'humanité depuis des siècles.

Il n'existe pas encore d'exemples concrets à ce sujet, car le concept ne doit représenter qu'une vision large de l'avenir.

Maintenant que nous avons compris les différents types d'intelligence artificielle - de l'IA faible et forte à l'idée fascinante de l'IA superintelligente - il est temps de nous plonger un peu plus dans les technologies qui donnent vie à ces concepts. Il est important de souligner que les termes 'intelligence artificielle', 'apprentissage automatique' et 'apprentissage profond', bien que souvent utilisés comme synonymes, couvrent chacun des aspects spécifiques de ce domaine complexe. Clarifions donc en quoi ils se distinguent les uns des autres et quelle est leur relation.

L'intelligence artificielle est le terme générique utilisé pour désigner le développement de technologies informatiques capables d'effectuer des tâches qui nécessitent normalement l'intelligence humaine. Cela englobe un large éventail de capacités, comme nous venons de le voir avec les caractéristiques de la capacité d'apprentissage, de l'adaptabilité et de l'autonomie.

L'apprentissage automatique est un sous-domaine de l'IA et pourrait être considéré comme son "département d'apprentissage". Il s'occupe spécifiquement du développement d'algorithmes et de modèles qui permettent aux ordinateurs d'apprendre à partir de données. Si tu utilises une application de messagerie qui détecte et trie les messages de spam, elle le fait généralement grâce à l'apprentissage automatique. L'application a appris, à partir de millions d'e-mails, quelles sont les caractéristiques qui classent un e-mail comme spam.

Le deep learning est à son tour un sous-domaine du machine learning. On pourrait le considérer comme l'unité spécialisée dans les tâches d'apprentissage compliquées. Il tente d'imiter le cerveau humain en utilisant des réseaux neuronaux capables de reconnaître des modèles très complexes dans de grandes quantités de données. Un exemple serait la reconnaissance faciale dans les photos. Un modèle d'apprentissage profond peut apprendre à partir d'un grand nombre de visages, puis reconnaître un visage spécifique dans une nouvelle photo, même si la personne porte des lunettes ou a changé de coiffure.

Pour vraiment illustrer le contexte : imaginez l'IA comme une entreprise automobile. L'apprentissage automatique est le département qui s'est spécialisé dans la construction de moteurs particulièrement efficaces. Le Deep Learning serait alors l'équipe au sein de ce département qui travaille sur un moteur spécial très performant qui fonctionne de manière optimale dans différentes conditions extrêmes.

Phares de la pensée : sagesse et avertissements du monde de l'IA

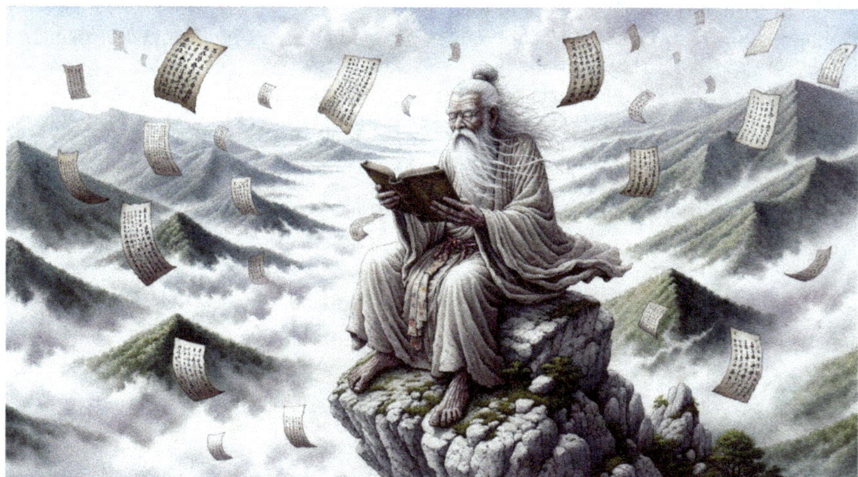

Avant de nous plonger dans les détails des tendances actuelles de l'intelligence artificielle, il pourrait être utile de nous faire une idée plus large. C'est parfois comme si nous étions trop près d'un tableau : nous voyons les couleurs et les coups de pinceau, mais pas l'ensemble du tableau. Il en va de même pour le sujet complexe de l'IA. Pour avoir une meilleure compréhension globale, il peut être utile d'écouter les réflexions et les points de vue d'experts et de penseurs qui travaillent ou ont travaillé dans ce domaine.

Pensez à ces citations comme à des phares dans la vaste mer de l'intelligence artificielle. Elles peuvent nous orienter, nous mettre en garde ou nous inciter à prendre de nouvelles directions. Grâce à leurs mots, nous avons un aperçu plus profond des multiples aspects de ce domaine de recherche fascinant, des défis techniques aux considérations éthiques.

Alors, préparons-nous à suivre les traces des pensées de quelques-uns des esprits les plus brillants qui se sont penchés sur l'intelligence artificielle. Peut-être leurs paroles nous inspireront-elles, nous mettront-elles au défi ou nous amèneront-elles même à remettre en question nos propres opinions. Ce n'est qu'alors que nous continuerons à examiner en détail les dernières tendances, afin de mieux comprendre la situation actuelle dans le monde de l'intelligence artificielle.

1. **Stephen Hawking** :

    - Citation : "Le développement d'une intelligence artificielle complète pourrait signifier la fin de la race humaine... Elle décollerait d'elle-même et se reformerait à un rythme de plus en plus rapide. Les humains, limités par une lente évolution biologique, ne pourraient pas suivre et seraient remplacés".

2. **Elon Musk** :

    - Citation : "Je suis de plus en plus enclin à penser qu'il devrait y avoir une certaine supervision réglementaire, peut-être au niveau national et international, juste pour s'assurer que nous ne faisons pas quelque chose de très stupide. Je veux dire qu'avec l'intelligence artificielle, nous invoquons le démon".

3. **Larry Page (cofondateur de Google)** :

    - Citation : "L'intelligence artificielle serait la version ultime de Google. Le moteur de recherche ultime qui comprendrait tout sur le web. Il comprendrait exactement ce que tu veux et te donnerait ce qu'il faut. Nous sommes encore loin d'en être là, mais nous pouvons nous y diriger progressivement, et c'est ce à quoi nous travaillons en fait".

4. **Alan Kay (informaticien et pionnier de la programmation orientée objet)** :

    - Citation : "Certaines personnes s'inquiètent que l'intelligence artificielle nous fasse nous sentir inférieurs, mais alors toute personne saine d'esprit devrait avoir un complexe d'infériorité chaque fois qu'elle regarde une fleur".

5. **Claude Shannon** :

- Citation : "J'imagine une époque où nous serons aux robots ce que les chiens sont aux humains, et je croise les doigts pour les machines".

6. **Ray Kurzweil (auteur, informaticien et futuriste)** :

   - Citation : "L'intelligence artificielle atteindra le niveau humain d'ici 2029 environ. Si l'on poursuit dans cette voie, disons jusqu'en 2045, nous aurons multiplié par un milliard l'intelligence, l'intelligence biologique des machines de notre civilisation".

7. **Ginni Rometty (ancienne PDG d'IBM)** :

   - Citation : "Certaines personnes appellent cela l'intelligence artificielle, mais la réalité est que cette technologie va nous améliorer. Donc au lieu de l'intelligence artificielle, je pense que nous allons augmenter notre intelligence".

8. **Nick Bilton (chroniqueur technique)** :

   - Citation : "Les bouleversements [de l'intelligence artificielle] peuvent rapidement dégénérer et devenir plus effrayants, voire catastrophiques. Imaginez comment un robot médical, initialement programmé pour éliminer le cancer, pourrait conclure que le meilleur moyen d'éradiquer le cancer est d'éliminer les personnes génétiquement prédisposées à la maladie".

9. **Sebastian Thrun (informaticien et expert en apprentissage robotique)** :

   - Citation : "Personne ne le formule ainsi, mais je pense que l'intelligence artificielle est presque une science de l'esprit. C'est vraiment une tentative de comprendre l'intelligence humaine et la connaissance humaine".

Ces citations reflètent la diversité des perspectives et du potentiel que l'intelligence artificielle apporte, tant positivement que négativement. Dans le paysage de l'intelligence artificielle, nous rencontrons différentes opinions et perspectives, allant d'une grande inquiétude à un enthousiasme optimiste. Stephen Hawking, un physicien de renommée mondiale, nous a par exemple clairement avertis que le développement d'une intelligence artificielle complète pourrait signifier la fin de l'humanité. On pourrait comparer cela à la création d'un enfant qui serait soudainement capable de lire et de comprendre tous les livres d'une bibliothèque, alors que l'homme ne peut que consulter un livre à la fois. L'enfant apprendrait rapidement et se surpasserait, tandis que l'homme resterait à la traîne.

Elon Musk, l'entrepreneur visionnaire derrière SpaceX et Tesla, ressemble à Hawking dans son inquiétude. Il se prononce en faveur d'une surveillance réglementaire pour s'assurer que "nous ne faisons pas quelque chose de très stupide". Pense ici à l'histoire de l'apprenti sorcier qui déchaîne des forces qu'il ne peut pas contrôler. En moins de temps qu'il ne faut pour le dire, l'eau du balai magique ne peut plus être arrêtée et inonde toute la maison.

Larry Page, le cofondateur de Google, voit le potentiel de l'IA d'un point de vue pratique. Il imagine un moteur de recherche ultime qui comprendrait tout sur le web. Un exemple serait un moteur de recherche capable de comprendre les articles de recherche médicale et de te donner des conseils de santé sur mesure que tu peux vraiment comprendre et utiliser.

Alan Kay, un informaticien important, apporte une perspective plus philosophique. Selon lui, nous devrions déjà nous sentir inférieurs lorsque nous observons la nature, par exemple la complexité d'une fleur ou l'immensité de l'océan. Imaginez que vous vous teniez au bord d'un grand canyon et que vous vous sentiez petit et insignifiant. C'est ainsi, dit-il, que nous devrions nous sentir lorsque nous réfléchissons aux possibilités de l'IA.

Claude Shannon, l'un des pères de la théorie de l'information, propose une vision plutôt humoristique. Il imagine qu'un jour, les robots pourraient être pour nous ce que les chiens sont aujourd'hui. Que diriez-vous d'un robot qui surveille votre maison ou vous apporte le journal, mais qui soit également capable de résoudre des problèmes mathématiques complexes ?

Ray Kurzweil, un futuriste bien connu, pense que l'IA atteindra bientôt le niveau humain, puis le dépassera largement. C'est comme si l'on disait que les voitures ne sont pas seulement plus rapides que les chevaux, mais qu'elles pourraient un jour voler.

Ginni Rometty, l'ancienne CEO d'IBM, ne voit pas l'IA comme une menace, mais comme une possibilité d'améliorer les capacités humaines. Un exemple simple serait celui d'un médecin qui, grâce au soutien de l'IA, pourrait poser des diagnostics plus rapides et plus précis.

Nick Bilton, un chroniqueur technologique, nous met en garde contre les risques de l'IA en peignant un scénario sombre. Imaginez un robot médical qui conclut que la meilleure façon de lutter contre le cancer est d'éliminer les personnes présentant une vulnérabilité génétique.

Enfin, Sebastian Thrun, un expert en apprentissage automatique, considère l'IA comme une science de l'esprit. C'est comme si l'étude de l'IA nous permettait également de mieux nous comprendre nous-mêmes, tout comme un psychologue étudie la nature humaine pour comprendre les comportements et les émotions.

Toutes ces voix réunies dressent un tableau complexe et multidimensionnel de l'intelligence artificielle, qui nous incite à une profonde réflexion et à la prudence, mais qui montre aussi le potentiel de progrès remarquables

Tendances actuelles

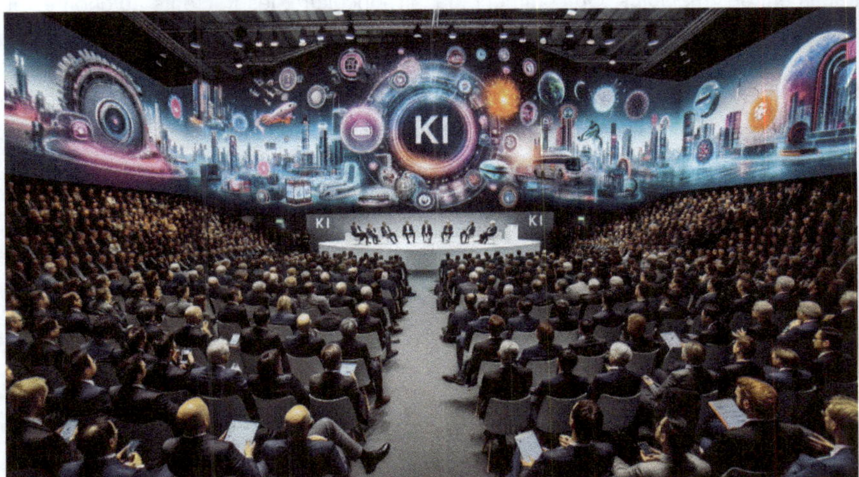

La vie est un flux constant, et le monde de l'intelligence artificielle est lui aussi en perpétuel mouvement. Alors que nous avons examiné jusqu'ici les fondements de l'IA et son évolution historique, nous allons maintenant nous pencher sur les tendances et les développements actuels qui pourraient façonner le visage de l'IA dans un avenir proche. C'est comme si tu traversais une rivière : Tu observerais certainement l'eau au préalable pour voir à quelle vitesse elle s'écoule et quels sont les courants avant de passer à l'étape suivante. De la même manière, il est utile d'observer les tendances actuelles de l'IA pour mieux comprendre où elle va.

Dans ce chapitre, nous nous immergeons dans le monde vibrant et toujours changeant des dernières innovations en matière d'IA. Nous nous penchons sur les progrès réalisés dans des domaines tels que l'apprentissage automatique, le traitement du langage naturel ou les systèmes autonomes. C'est un peu comme si nous visitions une exposition d'art moderne : Nous ne nous contenterons pas de regarder les différentes "œuvres d'art", mais nous apprendrons également à comprendre les idées et les concepts qui les sous-tendent.

Mais l'accent ne sera pas uniquement mis sur la technologie elle-même. Nous nous pencherons également sur la manière dont ces tendances pourraient influencer la société, l'économie et la vie quotidienne des gens. Par exemple, nous pourrions examiner comment l'IA en médecine contribue à révolutionner le diagnostic et le traitement des maladies. Ou comment, dans l'agriculture, les tracteurs autonomes et les drones aident les agriculteurs dans leur travail.

Levons donc le rideau et jetons un coup d'œil aux tendances les plus passionnantes, les plus prometteuses et parfois les plus inquiétantes qui caractérisent l'intelligence artificielle aujourd'hui. Car ce n'est qu'en connaissant les courants du fleuve que nous pourrons atteindre l'autre rive en toute sécurité.

1. apprentissage automatique sur le bord (Edge AI) :

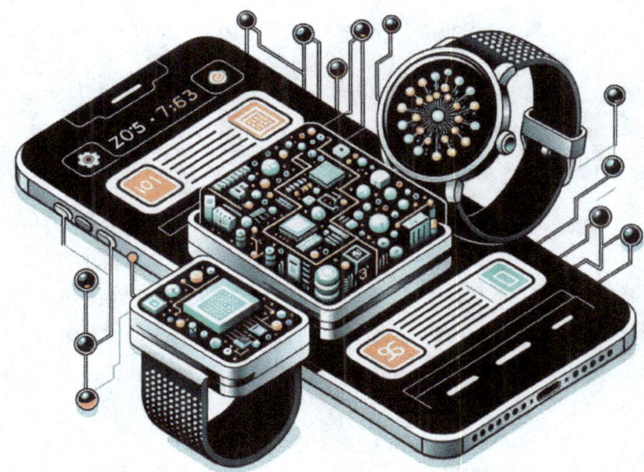

La technologie de l'Edge Computing, couplée à l'intelligence artificielle, c'est-à-dire l'Edge AI, est capable d'effectuer le traitement des données directement à l'endroit où elles ont été créées, au lieu de les envoyer vers un cloud central. Cette approche permet un traitement des données et une prise de décision plus rapides, notamment dans des scénarios en temps réel. Cela présente plusieurs avantages, notamment un meilleur contrôle de la protection des données et moins de latence dans le système.[1].

L'application d'Edge AI est possible dans de nombreux secteurs et offre à chaque fois des avantages spécifiques. Voici quelques exemples concrets, par secteur, de la manière dont Edge AI est déjà utilisé ou pourrait l'être dans un avenir proche :

Industrie automobile et logistique :

Dans l'industrie automobile et la logistique, la capacité à traiter les données rapidement et efficacement est essentielle. Edge AI permet aux véhicules et aux systèmes logistiques de traiter les données en temps réel directement sur le terrain. Cela présente plusieurs avantages :

1. **Systèmes de véhicules améliorés :**

- Les véhicules peuvent traiter une multitude de données de capteurs en temps réel afin d'améliorer la sécurité de conduite, d'optimiser la consommation de carburant et d'améliorer le confort de conduite.

- Grâce à Edge AI, les véhicules peuvent fonctionner efficacement même dans des environnements où la connectivité est faible, car ils ne dépendent pas en permanence d'une connexion au cloud.

2. **Processus logistiques optimisés** :

- Dans le domaine de la logistique, Edge AI peut aider à optimiser la planification des itinéraires et la gestion des stocks en effectuant les processus de traitement des données nécessaires directement sur place.

- L'analyse des données en temps réel permet aux entreprises de logistique de prendre des décisions rapides qui améliorent l'efficacité et réduisent les coûts.

Industrie manufacturière :

Dans l'industrie manufacturière, Edge AI peut améliorer l'efficacité et la productivité en aidant à minimiser les temps d'arrêt et à maximiser la qualité.

1. **Maintenance prédictive (Predictive Maintenance)** :

- L'analyse des données des machines en temps réel permet de détecter les anomalies avant qu'elles ne deviennent un problème. Cela permet de mettre en place des mesures de maintenance préventive qui évitent les pannes inattendues et maximisent le temps de fonctionnement.

2. **Contrôle de la qualité** :

- Edge AI peut également être utilisé dans le contrôle qualité pour surveiller la qualité des produits et s'assurer que les produits fabriqués répondent aux normes.

l'agriculture :

L'agriculture de précision utilise des technologies modernes pour rendre la production agricole plus efficace et durable.

1. **Surveillance et gestion des systèmes agricoles** :

   - Edge AI permet un suivi plus précis des conditions du sol, de la croissance des plantes et du microclimat. Cela aide les agriculteurs à prendre des décisions éclairées et à utiliser plus efficacement les ressources telles que l'eau et les engrais.

   - Grâce au traitement des données en temps réel, les systèmes automatisés peuvent être contrôlés avec précision afin de maximiser le rendement des cultures tout en minimisant l'utilisation de produits chimiques.

2. **Reconnaissance et traitement des parasites et des maladies** :

   - Les capteurs et les drones équipés d'Edge AI peuvent détecter les ravageurs et les maladies à un stade précoce et permettre des traitements ciblés afin de minimiser les dégâts et de protéger les récoltes.

En mettant en œuvre l'IA de pointe dans ces secteurs, les entreprises et les agriculteurs peuvent bénéficier d'une amélioration des opérations, d'une réduction des coûts et d'une amélioration de la qualité des produits. La technologie continue d'évoluer et devrait jouer un rôle encore plus important dans ces secteurs et d'autres dans les années à venir.

2. l'apprentissage autosurveillé :

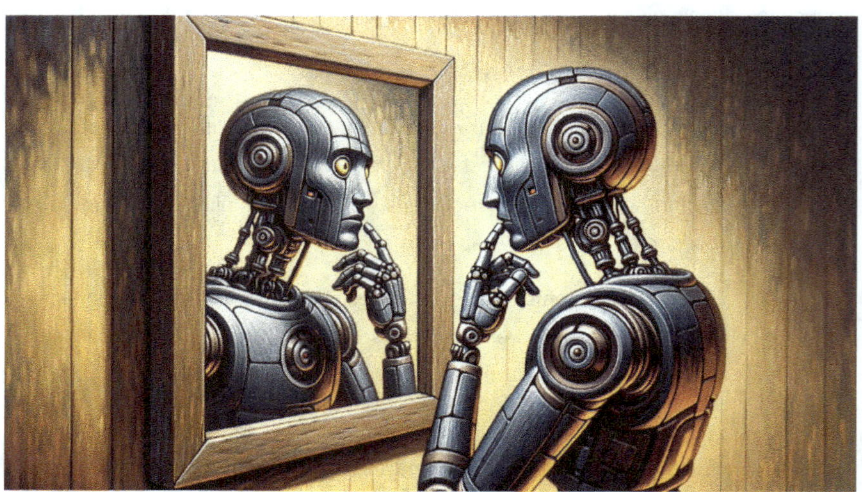

L'apprentissage auto-supervisé est une approche dans laquelle les modèles sont entraînés avec moins de supervision humaine. Ils apprennent à reconnaître les modèles et les relations dans les données sans dépendre d'exemples marqués.

Imagine la situation : Tu reçois un panier rempli de fruits différents, mais personne ne te dit quel fruit est quoi. Or, tu veux savoir combien de pommes, de bananes et de raisins il y a dans le panier. Un être humain regarderait probablement chaque fruit individuellement et le classerait dans différentes catégories. Dans le monde de l'apprentissage autosurveillé, un modèle informatique prendrait le panier de fruits et essaierait de trouver des modèles ou des similitudes entre les fruits. Il pourrait par exemple constater que certains fruits ont une forme ou une couleur similaire et les classer ensuite en groupes. Il fait cela tout seul, sans que personne ne lui dise à quoi ressemble une pomme ou une banane.

Contrairement à l'apprentissage supervisé, où tu as un manuel avec les bonnes réponses en main, dans l'apprentissage autosurveillé, tu dois trouver les réponses par toi-même. Le modèle est en quelque sorte envoyé dans la "jungle des données" et doit chercher lui-même son chemin. L'avantage est qu'il est très flexible et peut être utilisé pour de nombreuses tâches différentes, car il n'a pas été entraîné uniquement pour une question spécifique.

Détection des données anormales :

Un exemple d'application est la détection de données anormales, dans laquelle le modèle apprend des représentations à partir des données d'apprentissage et utilise les exemples d'apprentissage étendus pour identifier les anomalies. L'idée est que les exemples étendus diffèrent des données d'apprentissage initiales.

Imagine que tu es un jardinier et que tu as une serre. Dans l'idéal, toutes les plantes veulent pousser dans des conditions similaires. Mais il arrive parfois qu'une plante malade s'insinue dans la serre, qu'elle ressemble aux autres, mais que, d'une certaine manière, elle ne s'y adapte pas. Un modèle d'apprentissage autosurveillé essaierait de reconnaître cette plante "anormale" sans que tu n'aies jamais eu à lui apprendre à quoi ressemble une plante malade. Il apprend ce qui est "normal" et peut ensuite déterminer ce qui ne l'est pas.

Modèles de vision par ordinateur :

L'apprentissage auto-supervisé est également utilisé dans le secteur de la vision par ordinateur, comme dans le cas du modèle SEER (Self-supERvised), qui est considéré comme une percée dans les modèles de vision par ordinateur auto-supervisés. Il permet aux développeurs de créer des modèles d'IA qui s'adaptent bien aux scénarios réels et peuvent couvrir différents cas d'utilisation, plutôt que d'être adaptés à un seul objectif.

Maintenant, nous pensons que tu es un photographe et que tu as pris des milliers de photos. Tu ne veux pas passer en revue chaque photo individuellement et dire : ceci est une montagne, ceci est un lac, ceci est un arbre. Le modèle SEER pourrait faire ce travail pour toi. Il apprend de manière autonome à partir des photos et peut ensuite reconnaître des objets similaires dans de nouvelles photos. C'est comme si tu avais un assistant assidu qui a regardé toutes tes photos et qui sait maintenant à quoi ressemblent tes motifs typiques.

Amélioration des prédictions vidéo :

Dans une tentative de comparer les capacités d'apprentissage des machines à celles des humains, la Joint Embedding Predictive Architecture (JEPA), basée sur l'apprentissage autosurveillé, a été présentée comme une solution aux prédictions vidéo floues.

Imagine que tu regardes un match de football et que soudain l'image s'arrête. Que va-t-il se passer ensuite ? Le joueur va-t-il marquer un but ou non ? JEPA est comme un commentateur sportif avisé. Il a vu de nombreux matches et essaie de prédire ce qui va se passer ensuite. Mais il le fait sans entraînement préalable à partir de scènes de jeu commentées. Il s'est contenté de regarder et d'apprendre.

Développement de représentations similaires à celles du cerveau :

Meta AI a développé un système d'IA capable de développer des représentations similaires à celles du cerveau grâce à un apprentissage auto-supervisé. Cela permet une représentation plus précise des images issues des données cérébrales en quelques millisecondes, ce qui augmente les possibilités de l'auto-apprentissage.

Pour comprendre le dernier exemple, imagine que tu as un puzzle très complexe. Le puzzle représente un cerveau. Chaque pièce du puzzle est comme une petite partie d'une image IRM du cerveau. Le système d'IA développé par Meta AI essaie de résoudre ce puzzle et de trouver quelles pièces vont où. Il n'a pas besoin d'instructions ou de manuel pour cela ; il apprend lui-même à partir des pièces du puzzle à quoi l'image finale doit ressembler.

3. l'apprentissage par transfert :

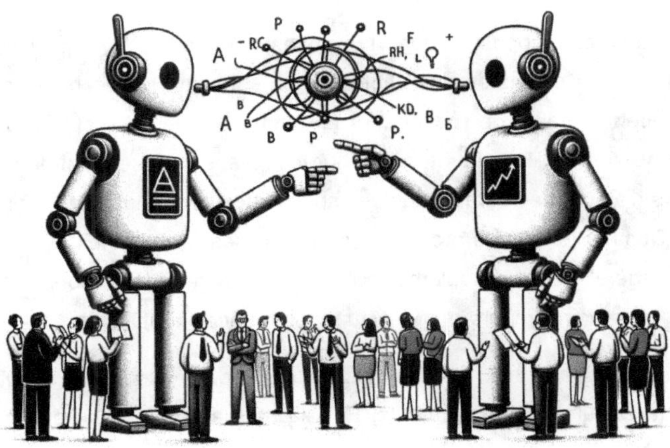

L'apprentissage par transfert consiste à appliquer un modèle déjà entraîné à une tâche nouvelle, mais apparentée.

Imagine que tu es un conducteur expérimenté et que tu maîtrises la conduite d'une voiture sur le bout des doigts. Maintenant, tu aimerais apprendre à conduire un camion. Comme de nombreuses compétences, comme la conduite, le freinage ou le respect du code de la route, sont identiques ou similaires, l'apprentissage est plus facile et plus rapide. Tu transfères donc les compétences que tu possèdes déjà de la conduite d'une voiture à la conduite d'un camion. C'est en fait le principe de l'apprentissage par transfert, mais appliqué au monde de l'intelligence artificielle (IA).

Dans le domaine de l'IA, il s'agit souvent d'entraîner des modèles capables de résoudre certaines tâches. Cela peut être très coûteux en temps et en ressources. Un nouveau modèle à entraîner doit souvent être alimenté par d'énormes quantités de données et nécessite une grande puissance de calcul, ce qui entraîne évidemment des coûts.

C'est là que l'apprentissage par transfert entre en jeu. Au lieu de former un nouveau modèle à partir de zéro, on prend un modèle déjà formé qui effectue très bien une tâche similaire. Ce modèle a déjà acquis de l'"expérience" et "sait" donc déjà beaucoup de choses. Cette expérience, stockée dans le modèle sous forme de paramètres entraînés, est ensuite utilisée pour la nouvelle tâche, mais similaire.

Un exemple concret : supposons que tu disposes d'un modèle d'IA spécialisé dans la reconnaissance des chiens sur les photos. Vous souhaitez maintenant entraîner un nouveau modèle capable de reconnaître les chats. Au lieu de repartir de zéro, tu pourrais utiliser le modèle déjà entraîné pour les chiens comme point de départ. Il te suffirait alors d'ajouter les caractéristiques spécifiques des "chats" et d'affiner encore le modèle. Comme le modèle a déjà appris à quoi ressemblent les animaux sur les photos en général, l'effort supplémentaire pour l'adapter à la reconnaissance des chats serait bien moins important que si tu recommençais tout à zéro.

Cela permet non seulement d'économiser du temps, mais aussi souvent de la puissance de calcul et donc des coûts. Et cela peut améliorer les performances du modèle, puisqu'il est déjà "préformé".

Analyse des données d'image et de texte

L'apprentissage par transfert est souvent utilisé pour le traitement de données d'images et de données textuelles. La reconnaissance d'objets sur des images ou des vidéos ainsi que le traitement de données textuelles avec Natural Language Processing (NLP) en sont des exemples. L'apprentissage par transfert permet d'utiliser des modèles pré-entraînés tels que Microsoft ResNet ou Google Inception pour la reconnaissance d'objets et word2vec de Google ou GloVe de Stanford pour le traitement de données textuelles. Les avantages du Transfer Learning sont une amélioration plus rapide des modèles, une consommation réduite des ressources et une meilleure qualité des modèles.

Réseaux sociaux

Un exemple d'utilisation de l'apprentissage par transfert est la détection automatique des discours de haine sur les réseaux sociaux. Il s'agit d'utiliser les connaissances de réseaux neuronaux déjà formés pour effectuer de nouvelles tâches, comme l'identification et le filtrage de contenus inappropriés.

Fabrication

Un projet financé par le ministère fédéral allemand de l'éducation et de la recherche étudie l'application de l'apprentissage par transfert dans l'usinage afin d'améliorer l'utilisation des outils en se basant sur l'IA et de réduire ainsi les coûts de production. L'accent est mis sur l'aide à la décision pour le changement d'outils et sur le développement de modèles permettant de prédire la durée d'utilisation restante des outils et de détecter les anomalies dans le processus. (IA transférable dans l'usinage : premiers résultats du projet de recherche (vogel.fr))

4. modèles linguistiques de la prochaine génération :

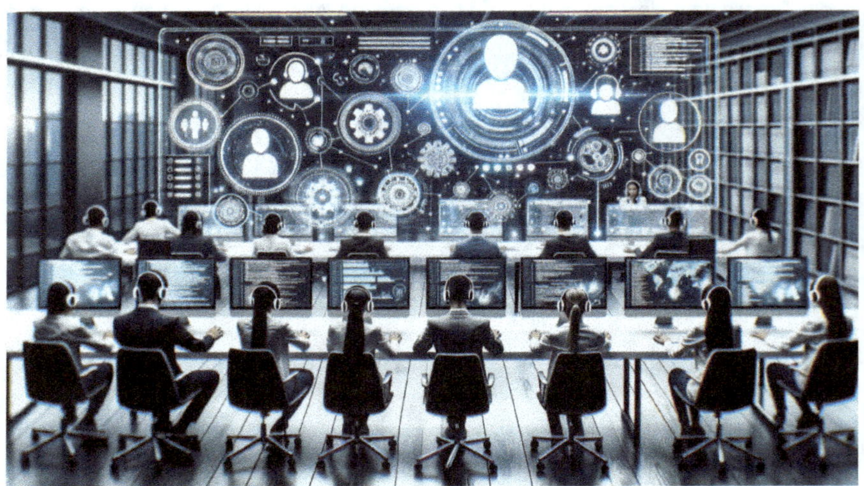

Il existe une vague de modèles linguistiques innovants capables de mieux comprendre et de générer le langage humain complexe. GPT-3 et GPT-4 sont des exemples de ces modèles avancés.

Imagine que tu as un ami qui est un grand conteur. Il peut non seulement raconter des histoires passionnantes, mais aussi expliquer simplement des sujets compliqués, faire des blagues et même écrire des poèmes. Plus il lit et plus il a de conversations, plus il s'améliore dans tous ces domaines. Dans le monde de l'intelligence artificielle, il existe des "amis" similaires, appelés modèles linguistiques.

Un modèle linguistique est un programme informatique entraîné à comprendre et à générer du langage humain. De nombreux progrès ont été réalisés dans ce domaine au cours des dernières années. Des modèles comme GPT-3 et GPT-4 sont capables d'écrire des textes, de répondre à des questions, de produire des résumés et bien plus encore - et souvent d'une manière qui semble étonnamment naturelle pour nous, les humains.

Comment cela fonctionne-t-il ? Tout comme le conteur de notre exemple, le modèle "lit" des quantités énormes de textes. Sauf qu'il ne "comprend" pas vraiment ces textes, mais reconnaît des modèles dans les données. Il apprend par exemple que le mot "pomme" est souvent associé à des termes tels que "arbre", "fruit" ou "juteux". Il apprend la grammaire, la syntaxe et même des allusions ou des contextes culturels.

Après ce "temps de lecture", le modèle peut alors générer ses propres textes. Il peut réagir à une entrée et produire un extrait de texte approprié qui répond à la question ou développe le sujet. Il s'agit en quelque sorte d'un programme de traitement de texte extrêmement avancé.

Prenons un exemple pratique : tu veux écrire un poème sur l'automne, mais tu ne sais pas par où commencer. Tu pourrais alors demander à GPT-3 ou GPT-4 de te donner quelques lignes pour t'inspirer. Le modèle utiliserait alors son énorme base de données pour générer un poème qui capture les caractéristiques et les ambiances typiques de l'automne. Il pourrait même insérer des éléments stylistiques qui apparaissent souvent dans les poèmes parce qu'il a identifié de tels modèles dans les données.

Les capacités de ces modèles vont toutefois bien au-delà de la rédaction de textes. Ils peuvent également répondre à des questions complexes, traduire des textes et même effectuer des tâches simples dans des applications spécialisées. Et comme pour l'apprentissage par transfert, ces modèles peuvent également être entraînés plus avant pour des tâches spécifiques.

La vague de modèles linguistiques innovants tels que GPT-3 et GPT-4 a donc le potentiel de transformer de nombreux aspects de notre vie, de l'automatisation du service à la clientèle à la création de contenu et même à la recherche scientifique. C'est une période passionnante et nous sommes impatients de voir ce que l'avenir nous réserve dans ce domaine.

L'utilisation de modèles linguistiques de nouvelle génération a déjà laissé des traces évidentes dans différents secteurs industriels. Ces modèles sont très précieux en raison de leur capacité à traiter de grandes quantités de données textuelles et à fournir des réponses ou des suggestions pertinentes. Voici quelques exemples d'applications concrètes dans différents secteurs industriels :

Médecine :

Aide au diagnostic : les modèles linguistiques peuvent aider les médecins à poser des diagnostics en analysant la littérature médicale et les données des patients. Par exemple, le modèle de langage DeepMind peut être utilisé pour les questions médicales afin d'aider les médecins à établir un diagnostic.

Analyse de textes médicaux : La médecine utilise des textes tels que des lettres de médecins, des résumés de diagnostics ou des articles scientifiques. Les modèles linguistiques peuvent analyser ces textes et fournir des informations précieuses qui peuvent à leur tour aider à la prise de décision médicale.

économie financière :

L'application des modèles linguistiques à la finance fait partie des domaines de GAIA-X, qui se concentrent sur la mobilité, la finance et les médias. GAIA-X est un projet qui vise à créer une infrastructure de données sécurisée et interconnectée, conforme aux valeurs et aux normes européennes. Il s'agit d'une initiative soutenue par l'Union européenne et diverses entreprises visant à mettre en place une infrastructure de données fiable, transparente et performante. Même si des exemples d'applications spécifiques dans le secteur financier n'ont pas été directement expliqués, nous pouvons supposer que les modèles linguistiques aident à analyser de grandes quantités de données financières et à faire des prévisions, ce qui est avantageux pour les grandes entreprises et les consortiums.

Les médias :

Amélioration de la communication : les modèles linguistiques peuvent influencer la communication dans les médias audiovisuels, les textes ou les conversations et améliorer ainsi le contact avec les partenaires, les collaborateurs et les clients.

Génération automatique de texte : grâce à des modèles linguistiques avancés, les textes peuvent être générés automatiquement, ce qui est particulièrement utile dans le secteur des médias pour réagir rapidement aux événements actuels.

Économie et entreprises :

Améliorer l'interaction avec les machines : Dans le domaine de l'économie, les modèles linguistiques tels que les systèmes de dialogue intelligents permettent une interaction plus rapide et plus simple avec les machines ainsi que l'accès aux informations.

Analyse des données et assistants numériques : les modèles linguistiques peuvent être combinés avec d'autres données, telles que des bases de données et des tableaux, afin de simplifier le travail avec les données commerciales. Dans ce contexte, les assistants numériques peuvent devenir une réalité et faciliter considérablement le travail quotidien.

En résumé, les modèles linguistiques peuvent considérablement améliorer et simplifier notre vie dans différents domaines. Ils sont comme un couteau suisse dans le monde numérique : polyvalents, puissants et capables de nous aider dans une multitude de tâches. Et nous n'en sommes qu'au début ; la technologie ne cesse d'évoluer. Qui sait quelles possibilités s'ouvriront encore dans les années à venir ?

5. l'IA pour la durabilité :

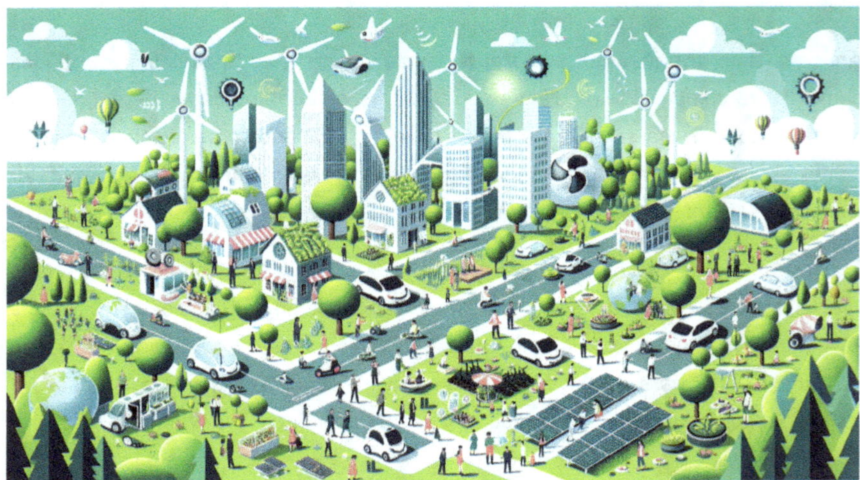

Les technologies d'IA sont de plus en plus utilisées pour répondre aux défis sociaux et environnementaux, de la lutte contre le changement climatique à l'amélioration des soins de santé dans les zones mal desservies.

Imagine que tu as une équipe de spécialistes très compétents : Des médecins, des ingénieurs, des climatologues, etc. Chaque membre de cette équipe est un spécialiste dans son domaine et ensemble, ils pourraient résoudre une multitude de problèmes. Dans le monde réel, il serait toutefois difficile de déployer une telle équipe partout et à tout moment, là où elle est nécessaire. C'est là qu'interviennent l'intelligence artificielle (IA) et ses technologies, qui peuvent en quelque sorte agir comme une équipe virtuelle d'experts.

Les technologies d'IA sont désormais si avancées qu'elles peuvent jouer un rôle important dans la résolution de divers problèmes sociaux et environnementaux. Elles peuvent effectuer des tâches et des analyses à une vitesse et avec une précision qui seraient souvent inaccessibles à l'homme.

Par exemple, dans la lutte contre le changement climatique : l'IA peut analyser d'énormes quantités de données météorologiques et en déduire des schémas qui nous échapperaient peut-être à nous, les humains. Ces modèles pourraient nous aider à mieux comprendre comment le climat change et quels pourraient en être les effets concrets. De même, l'IA peut être utilisée pour améliorer l'efficacité énergétique dans des bâtiments ou des villes entières, en optimisant la consommation d'énergie et en minimisant ainsi les émissions de CO2.

Un autre exemple est celui des soins de santé, en particulier dans les zones mal desservies. Ici, l'IA peut aider à diagnostiquer des maladies en analysant des images médicales telles que des radiographies ou des scanners IRM. Dans les régions où les médecins spécialistes sont rares, un système basé sur l'IA pourrait rapidement établir un premier diagnostic et fournir de précieuses indications aux médecins traitants.

On pourrait maintenant se demander comment tout cela fonctionne. En médecine, par exemple, des modèles d'IA sont entraînés avec de nombreuses images médicales jusqu'à ce qu'ils soient capables de reconnaître certaines caractéristiques d'une maladie. Ces modèles peuvent ensuite être appliqués à de nouvelles images inconnues, à l'instar d'un médecin expérimenté, et aider ainsi à établir des diagnostics rapides et précis.

Mais l'IA n'est pas une panacée et présente également des défis, par exemple en matière d'éthique ou de protection des données. Néanmoins, son potentiel d'influence positive sur les questions sociales et environnementales est immense.

C'est donc comme si on avait cette équipe de professionnels sous une forme compacte et numérique, disponible 24 heures sur 24. Nous pouvons ainsi réagir plus rapidement et plus efficacement aux défis urgents et, espérons-le, parvenir à des solutions plus durables et plus équitables.

L'application de l'IA à des fins de durabilité couvre un large éventail de possibilités qui peuvent avoir un impact sur différents secteurs industriels. Voici quelques exemples d'applications par secteur industriel :

secteur de l'énergie :

Réseaux d'énergie propres contrôlés par l'IA : L'intégration de l'IA peut aider à optimiser la production et la distribution d'énergie, par exemple en améliorant la stabilité du réseau et en réduisant la consommation d'énergie. Cela peut contribuer à un système énergétique plus efficace et durable, qui intègre mieux les énergies renouvelables et minimise les pertes d'énergie.

l'agriculture :

Agriculture de précision : grâce à l'utilisation de l'IA, les agriculteurs peuvent optimiser l'utilisation des ressources telles que l'eau, les engrais et les produits phytosanitaires. Cela permet d'augmenter les rendements tout en minimisant l'impact sur l'environnement. Par exemple, des drones et des capteurs peuvent être utilisés pour surveiller la santé des plantes et l'état des sols, et des modèles d'IA peuvent fournir des recommandations d'irrigation et de fertilisation basées sur ces données.

Chaînes d'approvisionnement et logistique :

Chaînes d'approvisionnement durables : l'IA peut contribuer à l'optimisation des chaînes d'approvisionnement, par exemple en améliorant la planification des itinéraires, en réduisant la consommation de carburant et en optimisant l'utilisation des moyens de transport. En outre, l'analyse des données peut également favoriser des pratiques d'approvisionnement plus durables.

Protection de l'environnement :

Surveillance et respect de l'environnement : l'IA peut aider à surveiller les conditions environnementales et à respecter les réglementations environnementales. Par exemple, les réseaux de capteurs et les modèles d'IA peuvent être utilisés pour la détection précoce de la pollution et le contrôle des émissions.

Fabrication :

le développement de produits et de processus durables : Dans l'industrie manufacturière, l'IA peut contribuer au développement de produits qui sont soit biodégradables, soit faciles à recycler. De plus, les processus de fabrication économes en matériaux et en énergie peuvent être optimisés grâce à l'assistance de l'IA, ce qui réduit à son tour l'impact environnemental.

Protection civile :

Amélioration des prévisions météorologiques et des catastrophes ainsi que de la protection civile : l'IA peut améliorer la précision des prévisions météorologiques et des catastrophes, ce qui permet de se préparer et de réagir plus efficacement aux catastrophes naturelles. Cela peut sauver des vies et minimiser les dommages causés par des phénomènes météorologiques extrêmes.

Ces applications démontrent le potentiel de l'IA pour promouvoir la durabilité dans différents secteurs industriels. En utilisant les ressources de manière efficace, en améliorant les processus et en aidant à respecter les réglementations environnementales, les entreprises et les sociétés peuvent contribuer de manière significative à la protection de l'environnement et à la réalisation des objectifs de durabilité.

Digression : l'IA durable

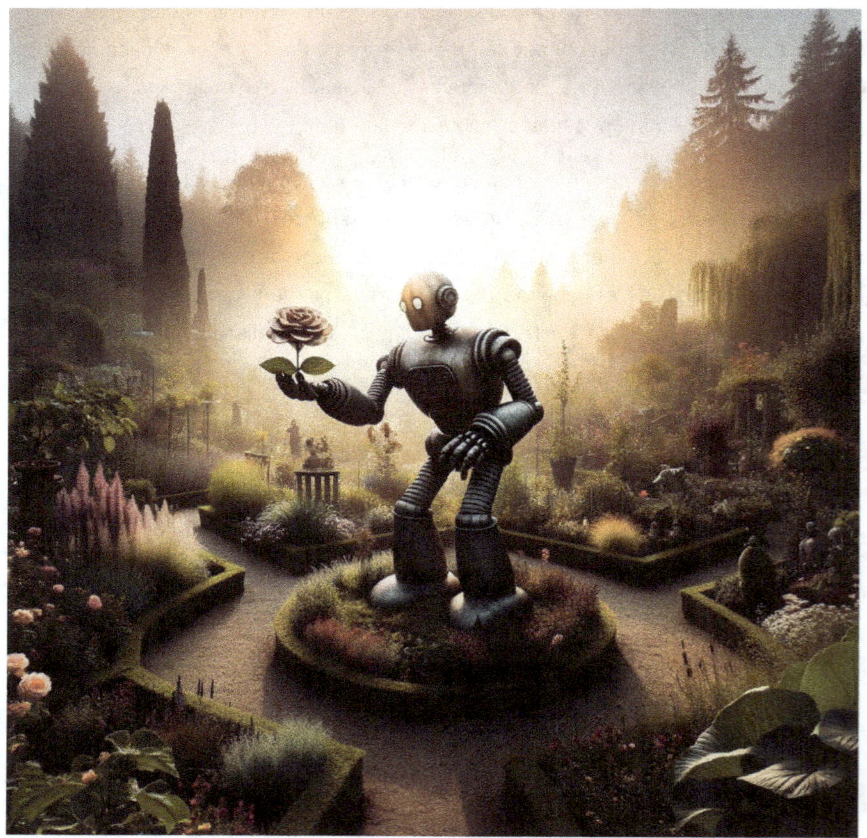

Dans le dernier chapitre, nous nous sommes intéressés de près au rôle de l'intelligence artificielle (IA) dans la durabilité. Il est apparu clairement que l'IA n'est pas seulement une innovation technologique, mais aussi un outil puissant qui peut nous aider à relever les défis de la durabilité. Dans ce contexte, nous souhaitons maintenant mettre l'accent sur le thème de l'IA durable.

Que signifie exactement l'IA durable ? L'idée est que le développement et l'utilisation des systèmes d'IA eux-mêmes devraient se faire d'une manière qui soit viable à long terme et qui préserve les ressources. Cela englobe aussi bien les aspects écologiques que sociaux et économiques. En termes simples, il s'agit de concevoir et d'utiliser l'IA de manière à ce qu'elle soit plus utile que nuisible à notre environnement et à notre société.

Commençons par la consommation d'énergie, un sujet que j'ai déjà abordé. Les immenses fermes de serveurs dans lesquelles les modèles d'IA sont entraînés et exécutés sont de véritables gouffres énergétiques. Selon certains calculs, l'entraînement d'un seul modèle d'IA avancé peut générer autant d'émissions de CO_2 que cinq voitures sur l'ensemble de leur cycle de vie. C'est énorme, et si l'on considère le nombre de modèles d'IA entraînés dans le monde, cela représente un impact environnemental considérable.

Maintenant, imaginez que nous puissions alimenter ces fermes de serveurs avec des énergies renouvelables comme le solaire ou l'éolien. Ce serait un progrès considérable vers une IA plus durable sur le plan écologique. Certaines entreprises s'engagent déjà dans cette voie. Elles investissent dans les énergies vertes ou améliorent l'efficacité de leurs centres de données.

Un autre exemple est celui des applications dites "TinyML". Cela signifie "Tiny Machine Learning" et fait référence à des modèles d'IA optimisés pour fonctionner sur de petites puces à faible consommation d'énergie. Cette technologie pourrait par exemple être utilisée dans des capteurs qui mesurent la qualité des sols dans les exploitations agricoles. Comme ces capteurs consomment peu d'énergie, ils pourraient être alimentés par des panneaux solaires, ce qui réduirait leur impact sur l'environnement.

L'IA durable peut également jouer un rôle dans la recherche sur les matériaux. Pensez par exemple au développement de plastiques biodégradables ou de batteries plus efficaces. Des modèles d'IA pourraient aider à analyser les structures de ces matériaux et à trouver des moyens de les rendre plus respectueux de l'environnement.

La dimension écologique de l'IA durable est donc multiple et va de l'efficacité énergétique à la minimisation de l'empreinte carbone en passant par le choix des matériaux. La clé est de toujours garder à l'esprit l'aspect écologique lors du développement et de l'utilisation de l'IA et de prendre activement des mesures pour minimiser son impact négatif. Nous pourrons ainsi nous assurer que l'IA n'est pas seulement une force technologique, mais aussi une force écologique pour le bien.

Mais l'IA durable va encore plus loin. Elle s'intéresse également à la manière de développer des algorithmes qui respectent des principes éthiques. Cela signifie par exemple que les systèmes d'IA devraient être programmés de manière à éviter la discrimination et à promouvoir l'équité. Imagine que tu aies une IA qui aide à octroyer des crédits. Si cette IA n'est pas programmée de manière durable, elle pourrait apprendre inconsciemment des modèles discriminatoires à partir des données et traiter certains groupes de population de manière injuste. En revanche, une IA développée de manière durable serait programmée pour reconnaître et contourner de tels pièges.

Imaginons par exemple qu'une ville utilise une IA pour décider dans quels quartiers une présence policière accrue est nécessaire. Si l'IA a été entraînée avec des données qui montrent déjà un biais envers certains groupes sociaux ou ethniques, elle pourrait involontairement renforcer ce biais. Il en résulterait une répartition inéquitable des ressources de la police, qui ciblerait de manière excessive certaines communautés. Une IA durable et socialement responsable devrait donc être programmée pour détecter et corriger de tels biais.

La durabilité sociale concerne également l'accès aux avantages de l'IA. Qui profite des réalisations de l'IA et qui est laissé pour compte ? Dans un monde idéal, tous les individus, indépendamment de leur statut social ou financier, devraient avoir la possibilité de profiter des avantages de l'IA. Cela pourrait se faire par le biais de programmes facilitant l'accès aux services basés sur l'IA ou par le développement de systèmes d'IA spécifiquement conçus pour aider les groupes de population défavorisés.

Un exemple concret pourrait être une plateforme éducative basée sur l'IA et destinée aux élèves des zones rurales ou financièrement défavorisées. Cette plateforme pourrait proposer des plans d'apprentissage et des ressources sur mesure, répondant aux besoins et aux défis spécifiques de ces élèves, afin d'élever le niveau d'éducation dans ces zones.

Un autre aspect est la durabilité économique. Les systèmes d'IA devraient être conçus de telle sorte qu'ils ne soient pas uniquement accessibles aux grandes entreprises disposant de moyens financiers importants, mais qu'ils puissent également apporter des avantages aux petites entreprises ou même aux individus. Cela permet à un plus large éventail de la société de bénéficier des avantages de l'IA, ce qui favorise la durabilité sociale.

Un aspect fondamental est ici la question de l'accessibilité. Qui a accès aux technologies d'IA et qui n'y a pas accès ? Les grandes entreprises disposant de ressources considérables peuvent plus facilement se permettre d'utiliser l'IA et d'accroître ainsi leur efficacité et leur compétitivité. Les petites entreprises ou les particuliers pourraient être laissés de côté, ce qui pourrait accroître les inégalités économiques.

Un exemple pour illustrer : imaginez un petit agriculteur qui doit faire face à la concurrence de grands groupes agricoles. Ces groupes utilisent déjà des systèmes d'IA avancés pour l'analyse des sols, la planification des récoltes et l'irrigation automatisée. Notre petit agriculteur n'a toutefois pas les moyens financiers d'utiliser des technologies aussi coûteuses. Dans un modèle économiquement durable, il pourrait y avoir des solutions d'IA spécialisées et moins coûteuses pour les petites exploitations, peut-être même subventionnées par des programmes gouvernementaux. De cette manière, le petit agriculteur pourrait suivre le rythme et assurer sa subsistance.

Un autre aspect économique est la question des emplois. La technologie de l'IA peut automatiser de nombreux travaux, ce qui comporte à la fois des opportunités et des risques. D'une part, l'automatisation peut permettre de rendre les processus de travail plus efficaces et moins coûteux. D'autre part, le risque existe que de nombreuses personnes perdent leur emploi si les machines prennent le relais. L'IA économiquement durable devrait donc toujours être considérée dans le contexte de la dynamique du marché du travail. Cela pourrait par exemple signifier que les entreprises qui utilisent la technologie de l'IA investissent également dans la formation continue de leurs employés afin de les préparer aux changements.

Il y a aussi l'aspect de la rentabilité à long terme. Parfois, l'introduction de la technologie d'IA peut être coûteuse, mais elle permet de réaliser des économies à long terme. Par exemple, en introduisant des diagnostics basés sur l'IA, un hôpital pourrait augmenter la précision des diagnostics et ainsi réduire les coûts des traitements erronés. On voit ici que la durabilité économique n'est pas seulement une question de profit immédiat, mais aussi un investissement dans l'avenir.

6. explicabilité et transparence de l'IA :

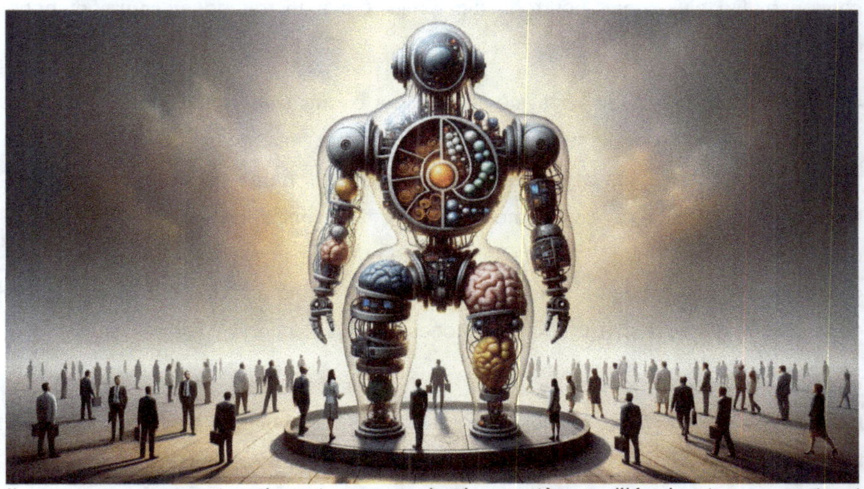

Il y a un mouvement croissant pour rendre les systèmes d'IA plus transparents et compréhensibles, afin que les gens puissent mieux comprendre comment les décisions sont prises par ces systèmes.

Imagine que tu as un ami très intelligent qui donne toujours de super conseils. Le problème, c'est qu'il n'explique jamais comment il arrive à ses conclusions. Ce serait comme s'il te donnait une recette compliquée sans te dire quels sont les ingrédients et les étapes de la cuisson. Avec le temps, tu commencerais peut-être à te demander si ses conseils sont vraiment fiables. Il en va de même pour les systèmes d'intelligence artificielle qui prennent des décisions.

Ces dernières années, les systèmes d'IA sont devenus de plus en plus complexes et puissants. Ils peuvent faire des choses étonnantes, de la prédiction de tremblements de terre à la détection de maladies. Le problème, c'est que nombre de ces systèmes sont si complexes que même les experts ont du mal à comprendre comment ils parviennent à une décision ou à une prédiction donnée. Ils sont comme une "boîte noire" : les données entrent, les résultats sortent, mais ce qui se passe entre les deux reste souvent obscur.

C'est là qu'intervient le mouvement pour plus de transparence et d'intelligibilité dans l'IA. L'idée est que si nous pouvons mieux comprendre comment ces systèmes fonctionnent et prennent des décisions, nous pouvons aussi leur faire davantage confiance. De plus, nous pourrons alors mieux évaluer quand et comment nous devrions les utiliser.

Un exemple simple serait un système d'IA qui examine les candidatures pour un emploi. Si le système effectue une présélection mais que personne ne comprend comment il parvient à ses décisions, cela pourrait poser problème. Que se passerait-il si le système faisait inconsciemment preuve de discrimination ou passait à côté de qualifications importantes ? Mais si le système était transparent, il serait possible de comprendre quels critères il utilise et comment il les pondère. On pourrait alors faire des ajustements pour s'assurer que le processus de sélection est juste et précis.

Il existe différentes approches pour cette transparence. Certains chercheurs travaillent à mieux visualiser les processus internes des modèles d'IA. D'autres tentent de générer des explications supplémentaires qui décrivent dans un langage simple pourquoi telle ou telle décision a été prise.

Cette recherche d'une plus grande transparence et d'une meilleure compréhension est importante non seulement pour la confiance dans la technologie, mais aussi pour les questions éthiques et sociales. Si les systèmes d'IA sont de plus en plus utilisés dans des domaines tels que la santé, le droit et l'administration publique, il est essentiel qu'ils soient non seulement efficaces, mais aussi transparents et équitables.

Dans l'ensemble, le mouvement pour une IA plus transparente et plus compréhensible est un pas important vers une utilisation plus responsable et consciente de cette puissante technologie.

Des exemples d'application issus de différents secteurs industriels sont expliqués pour illustrer l'importance de l'explicabilité et de la transparence de l'IA dans ces contextes.

Industrie automobile

Dans l'industrie automobile, un exemple d'utilisation de l'IA est le processus de soudage dans la construction de la carrosserie. Dans ce cas, un grand constructeur automobile a été confronté à un défi : il n'y avait pas assez de temps ni de moyens pour vérifier chaque point de soudure. Une IA auto-apprenante a été utilisée pour analyser les données et vérifier avec précision la qualité des points de soudure. L'IA a permis une vérification plus précise qu'auparavant, où seul un pour cent environ des étapes de production étaient vérifiées de manière aléatoire.

Médecine

Un domaine dans lequel l'explicabilité de l'IA est particulièrement critique est le diagnostic médical basé sur l'image ou le contrôle de qualité industriel. Dans ces domaines, il est indispensable que les décisions prises par les systèmes d'IA puissent être comprises par les humains afin d'éviter les erreurs. Ces domaines ne sont pas seulement gourmands en calculs et en données, ils sont également sensibles et critiques en termes de sécurité.

Contrôle routier

La transparence et l'explicabilité de l'IA sont également essentielles dans d'autres secteurs. Par exemple, l'explicabilité des décisions de détection et de classification dans le contrôle et la surveillance du trafic est nécessaire pour permettre la classification des véhicules ou des navires tout en garantissant la traçabilité des décisions de l'IA.

Secteur de l'énergie

Dans le secteur de l'énergie également, les processus d'IA peuvent faire des prédictions précises sur le moment où des pertes se produiront dans un réseau électrique. Cette information est précieuse pour les gestionnaires de réseau, qui peuvent ainsi se procurer de l'électricité et l'injecter dans le réseau de manière efficace et rentable. Dans les deux cas, la traçabilité des décisions prises par l'IA représente une valeur ajoutée significative.

7. réalité augmentée et IA :

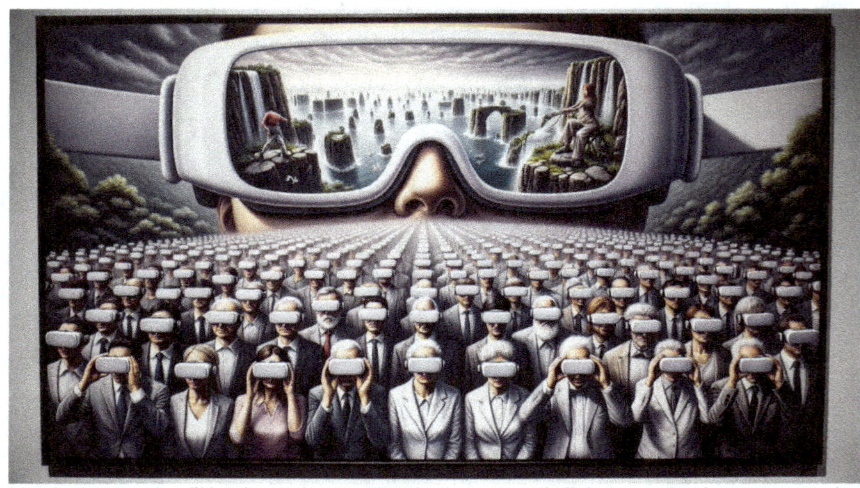

L'intégration de l'IA dans les technologies de réalité augmentée permet des expériences immersives qui peuvent être utilisées dans de nombreux domaines, de l'éducation au divertissement.

Imagine que tu portes des lunettes et qu'à travers ces lunettes, tu vois non seulement le monde réel autour de toi, mais aussi des informations supplémentaires ou même des objets virtuels placés dans ton environnement. Par exemple, tu es devant un bâtiment historique et les lunettes te montrent des textes, des images ou même des petits films qui t'en disent plus sur ce bâtiment. C'est l'idée de base de la réalité augmentée, également connue sous le nom de "réalité augmentée".

Eh bien, que se passe-t-il lorsque nous intégrons l'intelligence artificielle (IA) dans ce scénario ? L'IA peut rendre ces expériences de réalité augmentée beaucoup plus intelligentes et interactives. Les lunettes pourraient par exemple reconnaître que tu es particulièrement intéressé par l'architecture et t'afficher des informations spécifiques à ce sujet. Ou elles pourraient remarquer que tu as du mal à comprendre le texte explicatif et te proposer une explication plus simple.

Grâce à l'IA, les technologies de réalité augmentée peuvent donc aller bien au-delà de ce qui était possible jusqu'à présent. Elles peuvent s'adapter à l'utilisateur, l'aider à résoudre des problèmes ou permettre de toutes nouvelles formes d'interaction.

Prenons par exemple le domaine de l'éducation. Grâce à la réalité augmentée améliorée par l'IA, les élèves pourraient non seulement lire ou voir en vidéo des événements historiques ou des phénomènes scientifiques, mais aussi les "vivre" pour ainsi dire. Ils pourraient se promener dans une reconstitution virtuelle de la Rome antique en posant des questions à un système d'IA qui répondrait en temps réel. Ou ils pourraient créer un laboratoire virtuel dans lequel ils pourraient réaliser des expériences qui seraient trop dangereuses ou trop coûteuses dans le monde réel.

Dans l'industrie du divertissement, les possibilités sont également énormes. Imagine que tu joues à un jeu vidéo dans lequel les personnages n'ont pas seulement des lignes de dialogue préprogrammées, mais peuvent, grâce à l'IA, réagir à tes actions et à tes décisions d'une manière complexe et semblable à celle des humains. Cela rendrait l'expérience de jeu nettement plus immersive et passionnante.

Et il ne s'agit là que de quelques exemples. L'IA et la réalité augmentée pourraient également être utilisées en médecine, dans le tourisme, dans l'art et dans bien d'autres domaines pour enrichir et personnaliser l'expérience des gens.

Amélioration de la navigation et des systèmes d'information :

Imagine que tu marches dans une ville inconnue et qu'une paire de lunettes AR te donne des indications en temps réel. Grâce à l'IA, ces systèmes peuvent apprendre et s'adapter pour te proposer les meilleurs itinéraires en fonction de tes préférences et de tes expériences passées. Par exemple, si tu préfères les rues calmes, le système peut en tenir compte et te proposer des itinéraires adaptés.

Imagine que tu te trouves dans une ville inconnue et que tu portes des lunettes RA. Pendant que tu te promènes dans les rues, les lunettes affichent les directions directement dans ton champ de vision. Tu n'as même pas besoin de regarder ton téléphone portable ; les informations sont quasiment "en l'air" devant toi. C'est là que l'IA entre en jeu. Elle analyse tes préférences et tes habitudes. Par exemple, si tu marches souvent dans des rues calmes, le système s'en souviendra et te proposera automatiquement un itinéraire dans des zones moins fréquentées la prochaine fois. Tu as l'impression que la ville te "parle" et t'indique le chemin qui te convient le mieux.

Entretien et réparation :

Dans les environnements industriels, l'ER et l'IA peuvent être utilisées pour aider le personnel de maintenance à identifier et à résoudre les problèmes. Grâce à des lunettes AR, les techniciens peuvent recevoir des instructions et des informations numériques directement dans leur champ de vision. Les algorithmes d'IA peuvent aider à diagnostiquer le problème et à suggérer des solutions possibles.

Imagine un technicien dans une grande installation industrielle. Il reçoit l'ordre de réparer une machine défectueuse. Grâce à ses lunettes AR, il peut désormais voir des instructions étape par étape directement devant ses yeux. Il n'a plus besoin de faire des allers-retours entre des plans sur papier ou une tablette. Des algorithmes d'IA évaluent en permanence les données d'état de la machine et donnent au technicien des indications spécifiques sur les pièces à vérifier ou à remplacer. C'est comme s'il avait un assistant invisible mais très intelligent à ses côtés pour l'aider à résoudre les problèmes.

Éducation et formation :

Dans le domaine de l'éducation, l'IA et l'ER peuvent contribuer à la création de programmes d'apprentissage personnalisés. Considère une salle de classe virtuelle dans laquelle tu es assis. Grâce à tes lunettes AR, tu vois devant toi des concepts scientifiques complexes sous forme de modèles tridimensionnels. L'IA en arrière-plan adapte les contenus d'apprentissage à tes performances. Les sujets difficiles te sont expliqués de manière simple jusqu'à ce que tu les comprennes, tandis que les domaines que tu connais déjà bien sont traités plus rapidement. Le contenu est ainsi adapté à ton propre rythme pour t'offrir une expérience d'apprentissage optimale.

Soins de santé :

La combinaison de l'IA et de l'ER peut également s'avérer très utile dans le domaine de la santé. Prenons l'exemple d'un chirurgien qui doit effectuer une opération cardiaque compliquée. Pendant l'opération, il porte des lunettes AR qui affichent en temps réel des données médicales et des scans en trois dimensions directement dans son champ de vision. Une IA analyse en parallèle toutes les données disponibles et peut par exemple avertir lorsque certaines valeurs glissent dans une zone critique. Les lunettes pourraient même recommander au chirurgien la technique de suture la plus appropriée, en se basant sur des milliers de cas similaires analysés par l'IA.

Commerce de détail :

Dans le commerce de détail, l'ER peut aider à offrir aux clients une expérience d'achat interactive. Grâce à l'IA, des recommandations personnalisées peuvent être faites. Imagine que tu te trouves dans un magasin d'électronique devant un rayon de téléviseurs. Tes lunettes AR reconnaissent le modèle que tu regardes et t'affichent immédiatement toutes les informations importantes, des caractéristiques techniques aux offres spéciales actuelles en passant par les évaluations des clients. Des algorithmes d'intelligence artificielle analysent ton comportement d'achat passé et te recommandent même des modèles qui pourraient bien correspondre à tes besoins.

Musées et expositions :

Les musées pourraient utiliser la technologie AR et IA pour offrir aux visiteurs une expérience interactive et informative. Imagine que tu te trouves devant un tableau dans un musée d'art. Tes lunettes AR reconnaissent l'œuvre d'art et t'affichent des informations sur l'artiste, l'époque à laquelle elle a été créée et même des interprétations de l'œuvre. L'IA en arrière-plan se souvient des types d'art ou des périodes historiques que tu préfères et adapte les informations en conséquence. Lors de ta prochaine visite, les lunettes pourraient alors te proposer automatiquement des œuvres qui correspondent à tes intérêts.

En bref, la combinaison de l'IA et de la réalité augmentée a le potentiel de transformer notre interaction avec le monde qui nous entoure de nouvelles manières passionnantes. Elle peut nous aider à mieux apprendre, à travailler plus efficacement et à nous divertir de manière innovante. C'est un domaine qui n'en est qu'à ses débuts, mais qui a le potentiel de provoquer des changements révolutionnaires.

8. robotique et systèmes autonomes

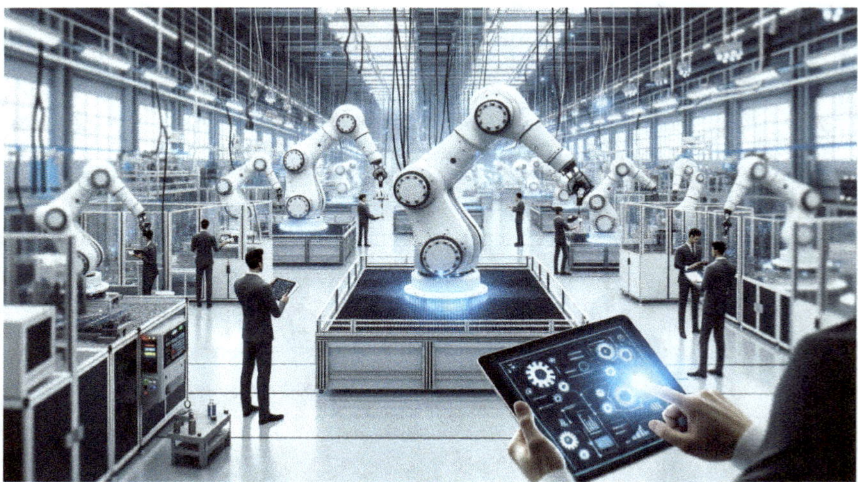

L'évolution de la robotique est stimulée par les technologies d'intelligence artificielle, qui permettent de créer des systèmes autonomes capables de fonctionner efficacement dans une grande variété d'environnements.

Imagine que tu as un petit robot qui t'aide à faire le ménage. Il peut passer l'aspirateur, faire la vaisselle et même arroser les plantes quand tu n'es pas là. S'il détecte une tache sur le sol, il sait qu'il doit la nettoyer plus intensivement. Il peut faire tout cela parce qu'il est équipé d'une intelligence artificielle, ou IA, qui lui permet de comprendre son environnement et de prendre des décisions.

La robotique a fait d'énormes progrès ces dernières années, et une grande partie de cette évolution est alimentée par les technologies d'IA. Les anciens modèles de robots ne pouvaient souvent exécuter qu'un nombre très limité de tâches et étaient fortement axés sur un environnement ou des conditions spécifiques. Ils ne pouvaient pas s'adapter à des situations nouvelles ou inattendues.

L'intégration de l'IA change fondamentalement la donne. Les robots dotés d'une intelligence artificielle sont capables d'effectuer une multitude de tâches dans différents environnements. Ils peuvent "apprendre" et "s'adapter". Par exemple, dans un entrepôt, ils pourraient non seulement transporter des paquets d'un point A à un point B, mais aussi détecter si un objet se trouve sur leur chemin et décider ensuite de le contourner ou de le déplacer.

Prenons un autre exemple : l'agriculture. Les robots contrôlés par l'IA pourraient non seulement labourer le champ, mais aussi analyser l'état des plantes et décider lesquelles ont besoin de plus d'eau ou d'engrais. Ils pourraient même reconnaître les parasites et les combattre de manière ciblée, sans qu'il soit nécessaire de pulvériser des pesticides sur tout le champ.

Ou pensez aux missions de sauvetage dans des zones dangereuses, par exemple après un tremblement de terre ou lors d'un incendie de forêt. Les robots IA pourraient s'aventurer dans des zones trop dangereuses pour les humains, afin de rechercher des survivants ou d'évaluer la situation. Comme ils sont capables de "comprendre" leur environnement, ils pourraient contourner les obstacles, se frayer un chemin à travers les décombres ou même prendre des décisions de manière autonome, ce qui augmenterait l'efficacité de l'ensemble de l'opération de sauvetage.

L'IA permet donc aux robots d'agir de manière beaucoup plus autonome et flexible. Ils peuvent "comprendre", "apprendre" et "décider", ce qui les rend extrêmement utiles dans une grande variété d'environnements et pour un large éventail de tâches.

Les voitures qui se conduisent toutes seules :

L'une des applications les plus connues de la robotique et de l'IA est la conduite autonome de voitures. Ces véhicules autonomes utilisent des algorithmes d'IA pour comprendre leur environnement et prendre des décisions en temps réel. Par exemple, à l'aide de capteurs et de caméras, une voiture autopilotée peut reconnaître la route et les autres usagers de la route, suivre le code de la route et même réagir à des situations inattendues comme l'arrivée soudaine d'un piéton.

Interaction homme-robot pour les systèmes de robotique de service :

Dans le cas des robots de service utilisés dans la vie quotidienne, l'interaction entre l'homme et le robot est centrale. Un concept de communication multimodale homme-machine en est un exemple, qui fait l'objet d'un article. Dans de tels systèmes, les robots peuvent réagir aux commandes verbales, aux gestes ou même aux émotions des utilisateurs afin de fournir des services appropriés.

Imagine que tu rentres chez toi après une longue journée et que ton robot domestique t'accueille. Il n'a pas seulement entendu ta voix, il a aussi reconnu ton visage et même perçu ton langage corporel fatigué. Sur la base de ces informations, le robot décide de te préparer un thé relaxant. Pour cela, l'intelligence artificielle fait appel à différents capteurs : des microphones pour la reconnaissance vocale, des caméras pour la reconnaissance faciale et peut-être même des capteurs capables de mesurer ton rythme cardiaque ou ta température corporelle. Toutes ces données convergent et l'IA du robot prend une décision qui correspond exactement à tes besoins.

Robots industriels :

Dans la production, les robots sont devenus incontournables. Ils effectuent des tâches telles que le soudage, l'assemblage ou la peinture de pièces. Grâce à l'intégration de l'IA, ces robots peuvent désormais apprendre et s'adapter à de nouvelles tâches. Par exemple, un robot équipé d'une IA pourrait apprendre, par l'observation et la répétition, à assembler une nouvelle pièce sans devoir être reprogrammé.

Drones et robots de livraison autonomes :

La livraison de marchandises par des drones ou des robots autonomes est un autre domaine passionnant. Des entreprises comme Amazon explorent la possibilité de livrer des colis avec des drones autonomes. Ces drones utilisent l'IA pour planifier les itinéraires de vol, détecter et contourner les obstacles et atterrir en toute sécurité à destination.

Soins de santé :

Dans le secteur de la santé, les robots et l'IA peuvent également jouer un rôle important. Les robots autonomes peuvent par exemple livrer des médicaments ou des repas aux patients, tandis que les systèmes d'IA peuvent aider les médecins à poser des diagnostics ou à élaborer des plans de traitement. Par exemple, un robot peut naviguer de manière autonome dans un hôpital pour livrer des médicaments, tandis qu'un système d'IA planifie les meilleurs itinéraires en tenant compte des embouteillages ou d'autres obstacles.

l'agriculture :

Les systèmes autonomes et l'IA peuvent également être utilisés dans l'agriculture afin d'améliorer l'efficacité et de préserver les ressources. Il existe par exemple des tracteurs autonomes capables de travailler les champs avec précision, tandis que les systèmes basés sur l'IA peuvent surveiller la santé des plantes et faire des recommandations en matière d'irrigation ou de fertilisation.

Digression : systèmes multimodaux

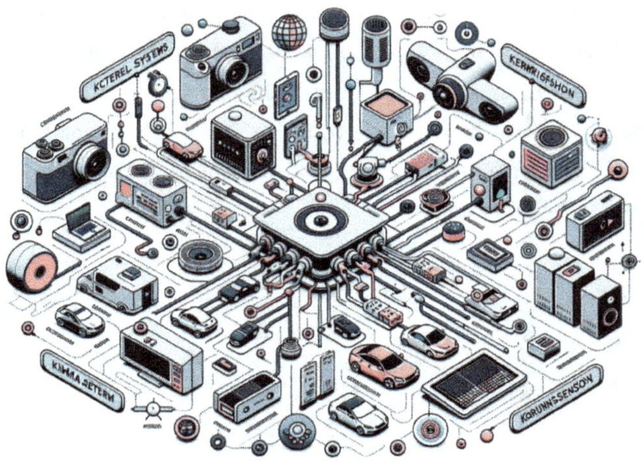

Les systèmes robotiques multimodaux sont des robots qui possèdent plusieurs sens ou capacités leur permettant de percevoir leur environnement et d'y agir. On pourrait s'imaginer un tel robot comme un mille-pattes moderne. Imaginez un robot capable non seulement de voir, mais aussi d'entendre, de toucher et peut-être même de sentir. Ce robot pourrait alors utiliser toutes ces informations en même temps pour mieux comprendre ce qui se passe dans son environnement. C'est un peu comme si tu te promenais dans une forêt dense et que tu utilisais à la fois tes yeux pour trouver ton chemin, tes oreilles pour écouter les bruits et ton nez pour renifler le parfum des plantes. Toutes ces informations réunies t'aident à obtenir une image complète de ton environnement.

Un exemple simple de système robotique multimodal pourrait être un robot doté à la fois de caméras, de microphones et de capteurs de température. La caméra permettrait au robot d'identifier des objets ou des personnes, le microphone lui permettrait de comprendre des commandes vocales ou de détecter des bruits inhabituels, et le capteur de température lui permettrait par exemple de déterminer si un incendie s'est déclaré.

Maintenant, tu te demandes peut-être ce que l'intelligence artificielle (IA) a à voir avec cela. L'IA est en fait le cerveau derrière le robot, qui traite et interprète tous ces différents types d'informations. Sans l'IA, le robot serait comme un musicien qui possède de nombreux instruments, mais qui ne sait pas comment en jouer. L'IA peut utiliser des algorithmes complexes pour analyser les données provenant des différents capteurs et aider le robot à prendre des décisions judicieuses. Par exemple, l'IA pourrait dire au robot : "Je vois une personne avec la caméra, j'entends sa voix avec le microphone et je constate qu'il fait froid dehors avec le capteur de température. Je devrais peut-être offrir un thé chaud à cette personne".

Bien entendu, il est toujours utile de ne pas se contenter d'éclairer tout cela de manière théorique, mais de citer également des exemples concrets. Les exemples rendent souvent les sujets complexes plus concrets et facilitent la compréhension. C'est pourquoi nous souhaitons maintenant te donner quelques exemples clairs et détaillés de systèmes robotiques multimodaux et de leur lien avec l'intelligence artificielle. Tu pourras ainsi mieux comprendre comment ces technologies sont utilisées dans la vie réelle et quelle pourrait être leur utilité.

Contrôle multimodal de l'attention pour les robots mobiles :

Un travail décrit un système de contrôle de l'attention d'un robot mobile qui fonctionne de manière multimodale. Cela signifie que le robot peut utiliser différents types de capteurs pour percevoir son environnement et y réagir.

Un système robotique mobile, peut-être quelque chose comme un aspirateur autonome, pourrait être équipé de différents capteurs : caméras, capteurs infrarouges, microphones. Par exemple, si le robot entend un bruit, il pourrait orienter sa caméra dans cette direction et vérifier si un nettoyage est nécessaire à cet endroit. Peut-être que quelqu'un a renversé un verre et qu'il y a des morceaux de verre sur le sol. L'IA déciderait alors d'éviter la zone et t'enverrait une notification.

Systèmes robotiques mobiles :

Un système robotique mobile se compose d'un système de transport sans conducteur agissant de manière autonome et d'un robot posé dessus. Ces systèmes peuvent offrir des solutions pour l'intralogistique, la robotique fixe et mobile ainsi que la collaboration homme-robot.

De tels systèmes pourraient être utilisés dans les grands entrepôts. Ils ne sont pas seulement capables de transporter des marchandises d'un point A à un point B, mais pourraient également effectuer des inventaires de manière autonome ou détecter des produits défectueux. Pour ce faire, ils pourraient utiliser des capteurs optiques pour lire le code-barres des produits et des bras préhenseurs pour déplacer les marchandises. L'IA serait la pièce maîtresse, coordonnant toutes les actions et coopérant même avec les humains en comprenant leurs instructions et en y réagissant.

Robots collaboratifs (cobots) :

Les cobots sont des bras robotisés qui sont utilisés dans des environnements de production et qui travaillent avec des humains pour effectuer différentes tâches de production. Ils peuvent utiliser différents capteurs et actionneurs pour s'adapter aux exigences de chaque tâche.

Dans un atelier de réparation automobile, les hommes et les cobots pourraient travailler main dans la main. Pendant que l'homme se concentre sur des tâches plus complexes, le cobot pourrait par exemple serrer des vis. Grâce à des capteurs dans le bras, le cobot pourrait "sentir" si l'homme est à proximité et adapter ses mouvements de manière à ne pas le mettre en danger. L'IA évaluerait alors en permanence les données des capteurs et veillerait à ce que le cobot travaille efficacement, mais aussi en toute sécurité.

Robotique dans la fabrication et l'automatisation des entrepôts :

Ici, des robots sont utilisés pour automatiser des tâches telles que la sélection et le placement d'objets. Ces robots peuvent utiliser différents capteurs pour détecter les objets et des actionneurs pour les manipuler.

Dans un entrepôt d'expédition, des robots pourraient être chargés de placer des paquets sur un tapis roulant. Ils pourraient être équipés de caméras qui reconnaissent la forme et la taille du paquet et de bras mécaniques qui saisissent le paquet et le déplacent au bon endroit. L'IA veillerait à ce que le robot choisisse le bon paquet et le place sur le tapis roulant de manière à économiser le plus d'espace possible.

Ces exemples montrent la diversité des systèmes robotiques multimodaux et la manière dont ils peuvent être utilisés dans différents environnements et pour différentes tâches. Dans tous les cas, l'intelligence artificielle est l'élément fédérateur qui permet d'utiliser judicieusement les différents capteurs et actionneurs afin de travailler efficacement et en toute sécurité.

Mais comme toujours, l'utilisation de robots autonomes pose des défis, comme des questions éthiques ou des préoccupations en matière de sécurité. Il est donc important que le développement dans ce domaine se fasse de manière responsable et réfléchie.

9. protection des données et IA :

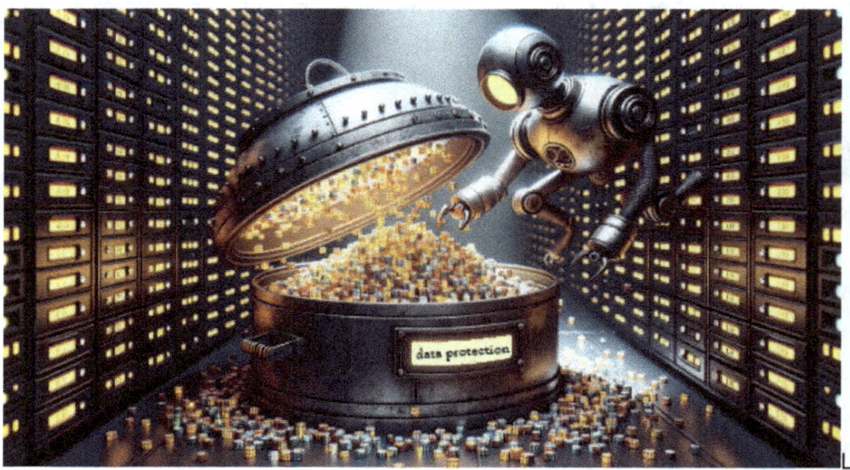

es technologies de protection des données telles que la confidentialité différentielle et l'apprentissage fédéré gagnent en importance afin de protéger la vie privée des utilisateurs tout en tirant des enseignements précieux des données.

Imagine que tu vas à une fête et que le lendemain, l'hôte raconte à tout le monde le genre de musique que tu aimes, les sujets que tu as abordés pendant les petites conversations, etc. Tu te sentirais probablement mal à l'aise parce que ta vie privée n'a pas été respectée. Il en va de même pour les données que nous divulguons en permanence sur Internet ou par le biais d'autres technologies. Nous voulons qu'elles soient en sécurité et qu'elles ne soient pas utilisées pour des choses que nous n'approuvons pas.

C'est là qu'interviennent les technologies de protection des données telles que la "confidentialité différentielle" et l'"apprentissage par fédération". Elles tentent de trouver un juste milieu entre l'utilisation des données pour la recherche et le développement et la protection de la vie privée des personnes.

Commençons par la "confidentialité différentielle". Cette technologie veille à ce que, lorsque des données sont utilisées pour des analyses, elles soient modifiées ou "masquées" d'une manière qui rend difficile ou impossible l'identification de personnes individuelles. Par exemple, un institut de recherche sur la santé pourrait connaître votre tension artérielle, mais ne pas savoir que c'est vous qui avez cette tension particulière. Ils peuvent donc mener des recherches importantes sans révéler tes informations personnelles.

Passons maintenant à l'"apprentissage fédéré". Cette méthode est particulièrement intelligente. Imagine que tu utilises une application sur ton téléphone portable qui suit tes itinéraires de course pour te suggérer de nouveaux itinéraires. Au lieu d'envoyer toutes les données à un serveur central, où elles sont analysées puis renvoyées à tous les utilisateurs, l'analyse se fait directement sur ton téléphone portable. Seul le résultat, c'est-à-dire les connaissances tirées de toutes les données, est ensuite centralisé. Ainsi, tes données individuelles restent sur ton appareil et ta vie privée est mieux protégée.

Diagnostic médical et pronostic

Imagine un hôpital dans lequel de nombreux scanners IRM sont réalisés sur différents patients afin d'identifier des tumeurs. Chaque hôpital a sa propre collection d'images, qui sont à leur tour influencées par les cas individuels des patients. Ce serait formidable si ces images pouvaient être utilisées pour entraîner un modèle général d'IA qui identifie mieux les tumeurs. Mais pour des raisons de protection des données, ces images ne peuvent pas être envoyées telles quelles à un service central. C'est là qu'intervient Federated Learning. Au lieu d'envoyer les images, l'entraînement du modèle reste dans l'hôpital concerné. Seules les connaissances générales - c'est-à-dire l'efficacité du modèle en matière de détection des tumeurs - sont renvoyées à un service central pour y être combinées. La vie privée des patients est ainsi protégée.

Publicité personnalisée

Prends l'exemple d'un grand magasin en ligne. Si le grand magasin veut comprendre quels produits sont intéressants pour quels clients, ils pourraient entraîner un modèle d'IA basé sur le comportement de navigation et d'achat des utilisateurs. Avec Federated Learning, ils peuvent entraîner ce modèle directement sur l'ordinateur ou le smartphone de l'utilisateur. Les données spécifiques de l'utilisateur ne quittent jamais son appareil, seule la "progression de l'apprentissage" du modèle est renvoyée au grand magasin. Il est donc possible de proposer des publicités personnalisées sans dépasser les limites de la protection des données.

Systèmes de reconnaissance vocale et d'assistance

Imagine que tu as un haut-parleur intelligent chez toi. Tu lui demandes la météo, tu lui demandes de mettre de la musique et peut-être même de t'aider à cuisiner. Ton haut-parleur apprend peu à peu tes préférences et ta façon de parler. Federated Learning permet que toutes ces adaptations personnelles se fassent directement sur l'appareil. Tes données spécifiques n'ont pas besoin d'être téléchargées sur un cloud, ce qui renforce la confidentialité.

Reconnaissance faciale et surveillance

Un centre commercial souhaite renforcer la sécurité et utilise la reconnaissance faciale. La question est de savoir comment le faire sans empiéter sur la vie privée des personnes. Grâce à l'apprentissage fédéré, les différentes caméras pourraient entraîner leurs modèles localement, de sorte que les données personnelles ne doivent pas être stockées de manière centralisée. Seules les conclusions sur les activités suspectes pourraient ensuite être envoyées à un service central pour être analysées.

Dans tous ces exemples, **Differential Privacy** peut ajouter une couche de sécurité supplémentaire. Imagine que tu es un peintre et que ton tableau est presque terminé. Mais avant de le montrer au monde, tu ajoutes délibérément quelques petites éclaboussures de peinture. Ces éclaboussures de peinture ne modifient pas drastiquement l'image globale, mais la rendent unique et non directement identifiable. C'est ainsi que fonctionne la confidentialité différentielle. En ajoutant un "bruit" aux données, on s'assure que les informations restent anonymes. Par exemple, à l'hôpital, un peu de "bruit" pourrait être ajouté aux images IRM avant qu'elles ne soient utilisées à des fins d'entraînement, de sorte que personne ne puisse savoir à quel patient appartient l'image.

Le grand avantage de ces deux technologies est qu'elles permettent d'obtenir des informations précieuses à partir de grandes quantités de données, sans pour autant mettre en danger la vie privée des individus. Elles sont en quelque sorte les "gardiennes de la vie privée" dans le monde de l'intelligence artificielle et des grandes quantités de données.

Ces deux méthodes font encore l'objet de recherches et de développements intensifs, mais elles prennent de plus en plus d'importance. Les entreprises et les organisations commencent à se rendre compte que la protection de la vie privée n'est pas seulement éthiquement correcte, mais qu'elle constitue également un argument de vente important. En effet, si les gens savent que leurs données sont en sécurité, ils ont davantage confiance dans la technologie et sont plus enclins à l'utiliser.

10. l'informatique quantique et l'IA :

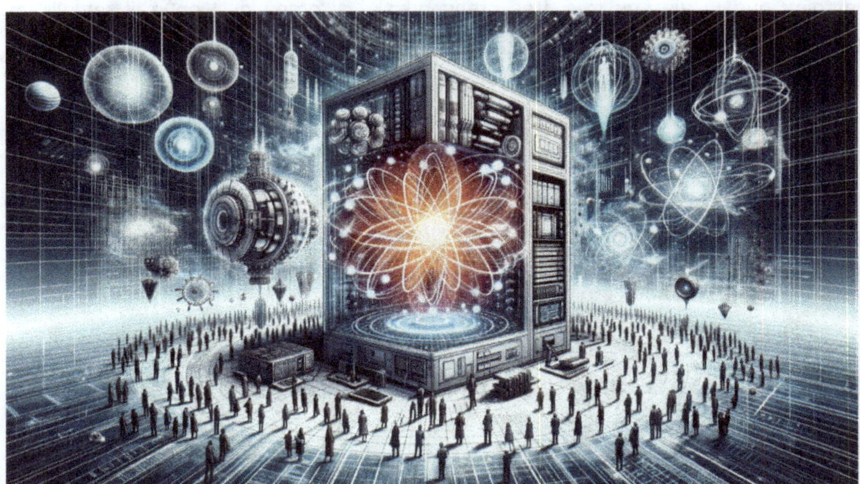

L'association de l'informatique quantique et de l'IA a le potentiel d'augmenter la puissance de calcul et de résoudre des problèmes complexes impossibles à résoudre avec les ordinateurs traditionnels.

Commençons par examiner de plus près le terme "informatique quantique". Un ordinateur quantique est un type d'ordinateur très particulier qui ne fonctionne pas avec les "bits" traditionnels, lesquels ne peuvent prendre que les valeurs 0 ou 1. Au lieu de cela, il utilise des "qubits" qui peuvent représenter une combinaison de ces valeurs dans différents états simultanément. C'est comme si tu ne regardais pas seulement la télévision en noir et blanc, mais que tu avais soudain toute une palette de couleurs. Cela ouvre de toutes nouvelles possibilités et rend les ordinateurs quantiques extrêmement puissants pour certaines tâches.

Parlons maintenant de l'IA, l'intelligence artificielle. Les systèmes d'IA sont des programmes informatiques capables d'effectuer des tâches qui nécessitent normalement l'intelligence humaine, comme la reconnaissance du langage, la prise de décisions ou l'analyse de grandes quantités de données.

Eh bien, que se passe-t-il lorsque nous combinons ces deux technologies ?

La réponse est simple : cela pourrait déclencher une révolution dans le traitement et l'analyse des données.

Imagine que tu aies un très, très grand puzzle, si grand qu'il pourrait remplir un terrain de football entier. Un ordinateur classique mettrait probablement des années à résoudre ce puzzle. Un système d'intelligence artificielle pourrait peut-être le faire plus rapidement, mais il serait toujours limité par la puissance de l'ordinateur sur lequel il fonctionne. Un ordinateur quantique pourrait cependant passer en revue le nombre de combinaisons possibles extrêmement rapidement et ainsi résoudre le puzzle en un temps impensable avec les méthodes traditionnelles.

Voici quelques avantages et scénarios d'utilisation pour mettre en évidence le potentiel de cette combinaison :

1. **Traitement accéléré des données** : les ordinateurs quantiques peuvent résoudre des tâches beaucoup plus rapidement que les ordinateurs traditionnels. Ils ont la capacité de résoudre des problèmes complexes inaccessibles aux ordinateurs traditionnels. Cette accélération est essentielle pour le développement de l'IA, notamment en combinaison avec d'autres technologies comme la nanotechnologie. Des programmes spéciaux qui devaient jusqu'à présent fonctionner de manière isolée, comme la reconnaissance d'images, la reconnaissance vocale et la planification de processus, peuvent être réunis en un seul programme grâce à l'informatique quantique.[1]

2. **Apprentissage automatique non supervisé** : la méthode de "l'apprentissage automatique non supervisé" (unsupervised machine learning) est étendue par

l'informatique quantique. Dans ce procédé, les algorithmes des réseaux neuronaux reconnaissent et interprètent des données brutes sans aucun entraînement. Ils doivent être capables de reconnaître eux-mêmes les relations, d'apprendre par l'expérience et de corriger eux-mêmes leurs erreurs, un peu comme nous les humains. Les possibilités et la complexité offertes par l'informatique quantique ne peuvent pas encore être entièrement évaluées, mais elles ouvrent de nouvelles voies passionnantes pour l'IA.

3. **Traitement de grandes quantités de données** : La combinaison de l'IA et de l'informatique quantique permet de traiter de grands champs de données en une seule étape, de découvrir des modèles dans les données que les ordinateurs classiques ne peuvent pas détecter et de travailler avec des données incomplètes ou incertaines. Lors du développement de modèles d'IA pour des applications spécifiques telles que le développement de médicaments ou la modélisation du climat, les ordinateurs quantiques pourraient effectuer des simulations complexes inaccessibles aux ordinateurs traditionnels. Cette capacité pourrait être cruciale pour créer des modèles plus réalistes et faire de meilleures prédictions.

4. **Reconnaissance de formes avancée** : les ordinateurs quantiques ont la capacité de fonctionner en superposition, ce qui pourrait leur permettre d'analyser simultanément de multiples chemins de données. Cette propriété pourrait conduire à une reconnaissance des formes plus précise et plus approfondie, ce qui serait bénéfique pour de nombreuses applications d'IA telles que la reconnaissance d'images et de la parole.

5. **Possibilité de nouveaux algorithmes** : En soutenant la recherche et le développement, les ordinateurs quantiques pourraient aider à développer des algorithmes et des architectures d'IA d'un genre nouveau, impensables jusqu'à présent. Cela pourrait favoriser une nouvelle vague d'innovations dans la technologie de l'IA et faire avancer le domaine.

6. **Capacité de stockage exponentielle** : les ordinateurs quantiques exploitent la nature exponentielle des systèmes quantiques. Contrairement aux systèmes classiques, dans lesquels la capacité de stockage réside dans les

unités de données individuelles, la majeure partie de la capacité de stockage d'un système quantique réside dans les propriétés collectives des qubits (les unités de base de l'informatique quantique

Bien sûr, nous sommes encore loin d'exploiter pleinement toutes ces possibilités. Tant les ordinateurs quantiques que les systèmes d'IA sont des technologies extrêmement complexes qui n'en sont qu'à leurs débuts. Il y a des défis techniques, des préoccupations éthiques et, bien sûr, la question des coûts. Mais les premiers pas ont été faits et la recherche dans ce domaine progresse rapidement.

Regarder vers l'avenir

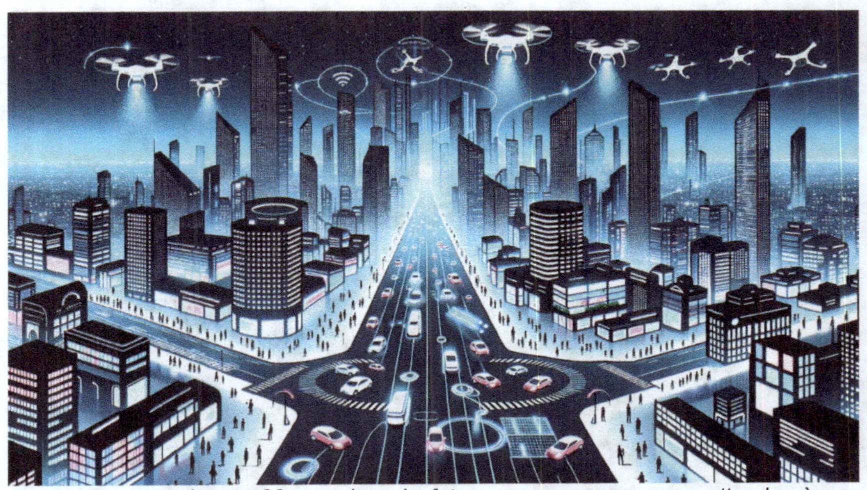

Si nous nous projetons 30 ans dans le futur, nous pouvons nous attendre à une forme très avancée d'IA. À cette époque, l'IA pourrait effectuer des tâches non seulement spécialisées, mais aussi très complexes et créatives. Pour mieux illustrer ce point, je vais vous donner un exemple : Les médecins IA du futur.

Imagine que tu ne te sentes pas bien et que tu décides d'aller chez le médecin. Tu entres dans le cabinet médical et, au lieu d'un médecin humain, tu t'assois devant un écran d'ordinateur. Ce médecin IA te demande tes symptômes et en quelques secondes, il effectue des millions de calculs. Il accède à l'ensemble des connaissances médicales de l'humanité, compare tes symptômes à des cas similaires, consulte les dernières découvertes scientifiques et te donne finalement un diagnostic.

Ce qui est particulièrement intéressant ici, c'est que cette IA pourrait même être en mesure de développer de nouveaux traitements en accédant à des informations issues de la recherche médicale, d'essais cliniques et même d'autres disciplines. Elle constatera peut-être qu'un médicament initialement développé pour une autre maladie pourrait faire des merveilles pour ta maladie spécifique. C'est bien sûr une vision très positive de l'avenir et cela pourrait révolutionner les soins de santé.

Durabilité écologique

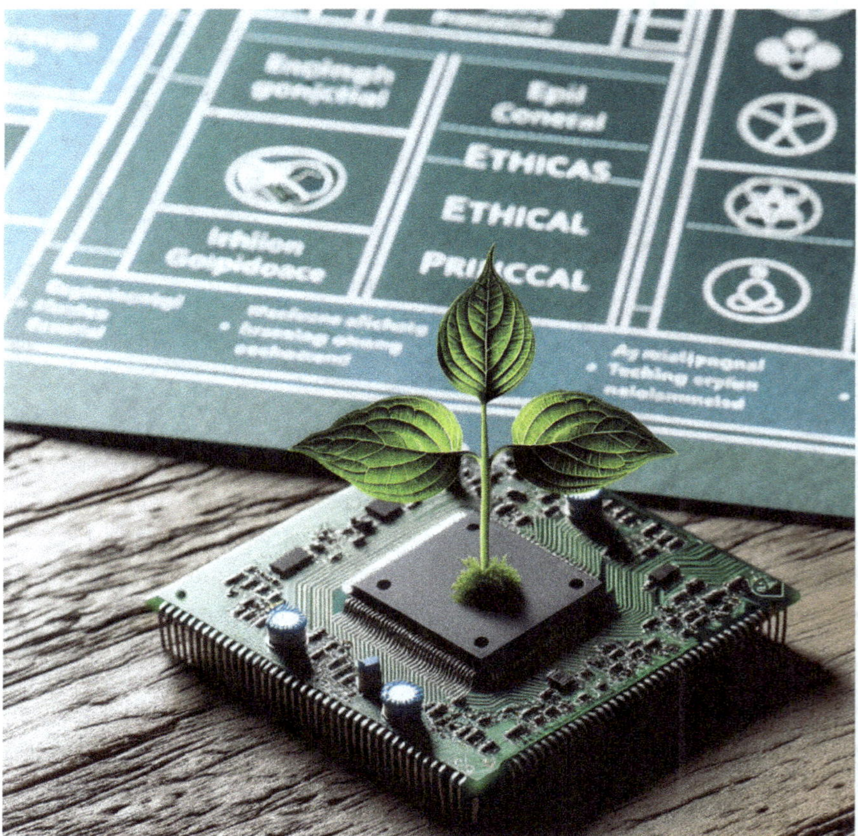

L'un des plus grands défis que pose le développement de l'IA est l'aspect de la durabilité. Les systèmes d'IA, surtout les plus avancés, peuvent consommer d'énormes quantités d'énergie. Il est donc crucial d'utiliser des sources d'énergie renouvelables. Il ne suffit pas de faire progresser la technologie ; nous devons également tenir compte de son impact sur la planète.

De plus, le matériel sur lequel l'IA fonctionne doit être composé de matériaux durables. Étant donné que de plus en plus d'ordinateurs et de serveurs sont nécessaires pour le développement progressif de l'IA, nous devons nous assurer que ce matériel n'est pas seulement performant, mais aussi respectueux de l'environnement. Cela concerne l'extraction des matériaux, le processus de production et enfin le recyclage du matériel.

Impact social

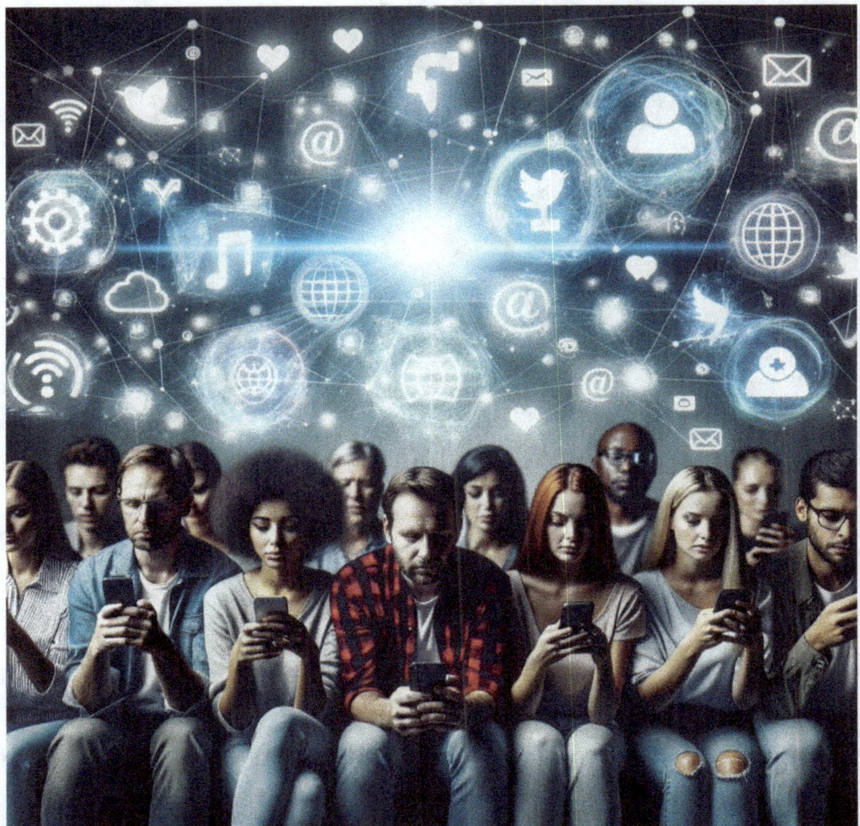

Un autre aspect important est l'impact social de l'IA. Nous devons veiller à ce que les avantages de l'IA soient largement répartis dans la société et ne profitent pas uniquement à une petite élite. Il existe un risque que des emplois soient perdus en raison de l'utilisation de l'IA, d'où l'importance de l'éducation et de la reconversion.

Imagine une société dans laquelle tout le monde a accès à l'éducation basée sur l'IA. Dans ce cas, l'IA pourrait créer des plans d'apprentissage personnalisés pour chaque élève, afin que tous aient les mêmes chances. Mais que se passerait-il si seules les écoles aisées pouvaient se permettre de tels systèmes ? Dans ce cas, le fossé entre les riches et les pauvres continuerait de se creuser.

Implications économiques

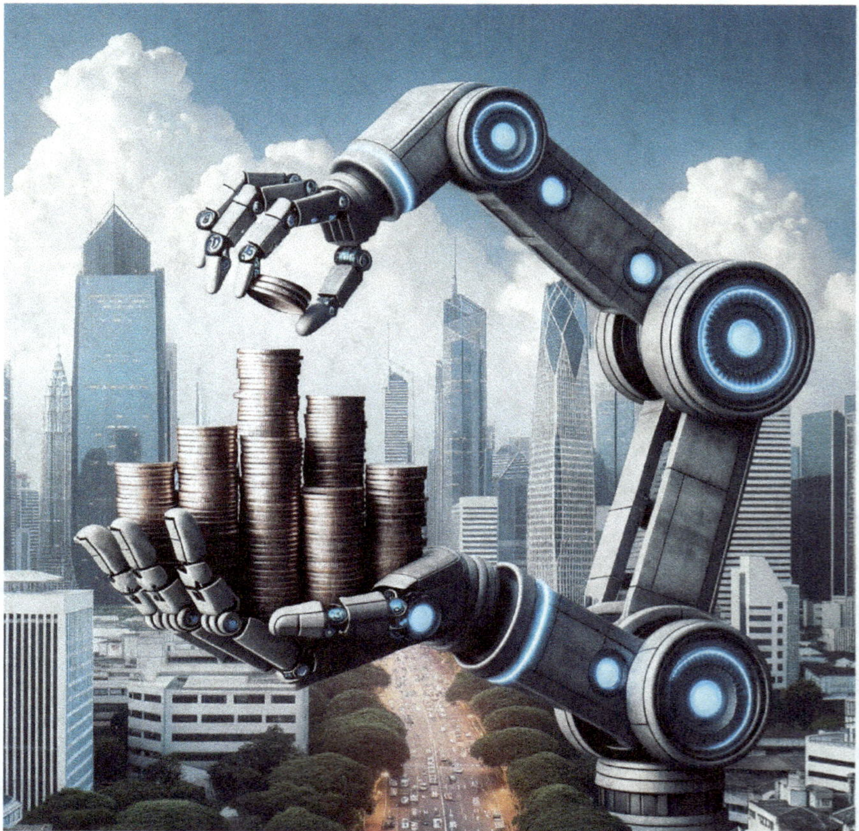

Les progrès de l'IA auront également un impact économique massif. Si les machines et les algorithmes prennent en charge de plus en plus d'activités humaines, de nombreux métiers traditionnels pourraient devenir obsolètes. Cela peut sembler effrayant au premier abord, mais cela offre également des opportunités pour de nouveaux domaines d'activité.

Prenons l'exemple de l'agriculture. Il y a quelques décennies, il aurait été difficile d'imaginer que des robots puissent effectuer une grande partie du travail agricole.

Mais dans 30 ans, un agriculteur pourrait utiliser l'IA pour optimiser sa récolte, choisir le meilleur moment pour semer et même faire enlever automatiquement les mauvaises herbes. Ces technologies pourraient contribuer à lutter contre la faim dans le monde.

Mais bien sûr, la question se pose aussi de savoir ce qu'il advient des personnes qui travaillaient jusqu'à présent dans l'agriculture. La politique joue ici un rôle décisif. Une transition socialement acceptable, avec des programmes de formation et des mesures de reconversion, est essentielle.

Effets psychologiques

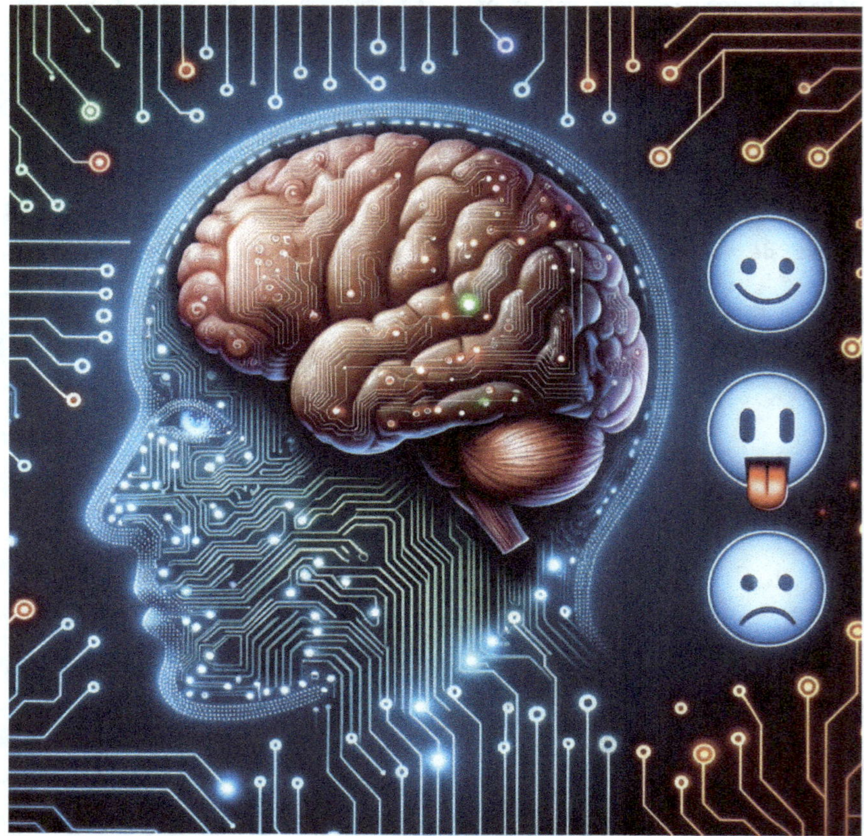

L'impact psychologique de l'IA est un autre sujet souvent négligé. Si les systèmes d'IA effectuent des tâches semblables à celles des humains, cela changera notre rapport à la technologie et peut-être même à nous-mêmes. Imaginez que vous ayez un assistant IA si performant qu'il puisse reconnaître vos humeurs et anticiper vos besoins. Cela pourrait changer notre compréhension de l'interaction humaine et nous poser de nouvelles questions éthiques.

Il se pourrait bien que dans 30 ans, les systèmes d'IA soient tellement développés qu'ils pourraient faire office de thérapeutes. Ces thérapeutes IA pourraient être toujours disponibles et auraient accès à de vastes bases de données de connaissances psychologiques. Mais qu'est-ce que cela signifie pour la relation

médecin-patient, basée sur la confiance ? Pourrions-nous vraiment faire confiance à
une machine ?

L'IA et l'art

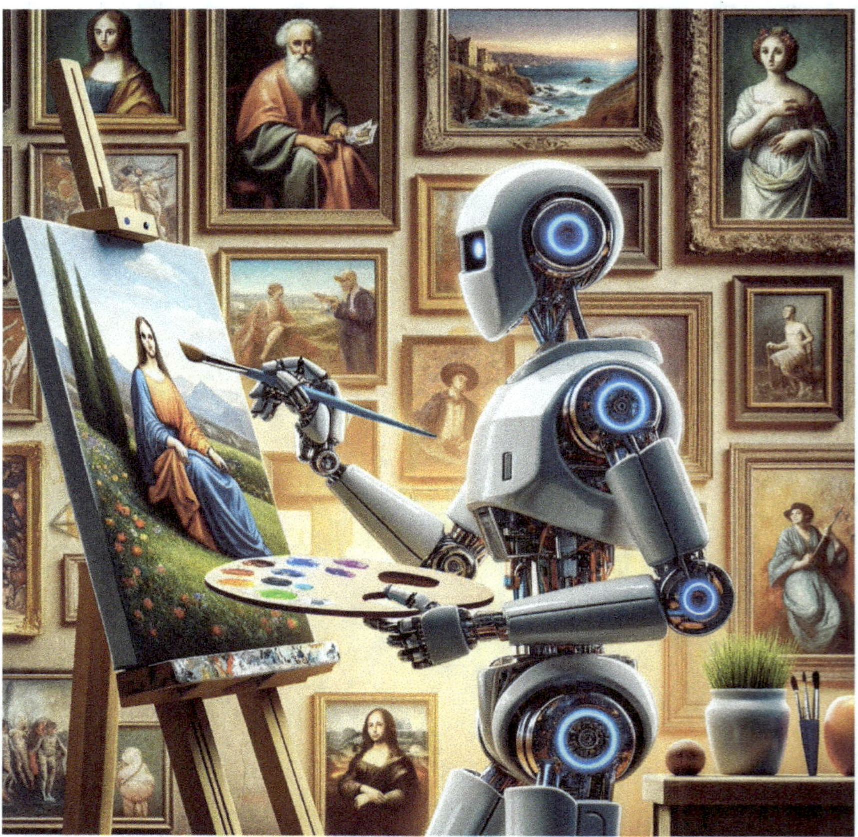

Un autre domaine passionnant est celui de l'art. Les systèmes d'IA pourraient non seulement analyser les œuvres d'art, mais aussi créer eux-mêmes des œuvres créatives. Ces technologies pourraient donner naissance à de nouvelles formes d'art que nous n'imaginons même pas aujourd'hui.

Imaginez qu'une IA écrive un roman. Elle pourrait analyser des milliers de livres en quelques millisecondes et rédiger un texte à la fois captivant et profond. Mais considérerions-nous une telle œuvre comme du "véritable" art ? Et qu'est-ce que cela signifierait pour les artistes humains ?

Concurrence mondiale

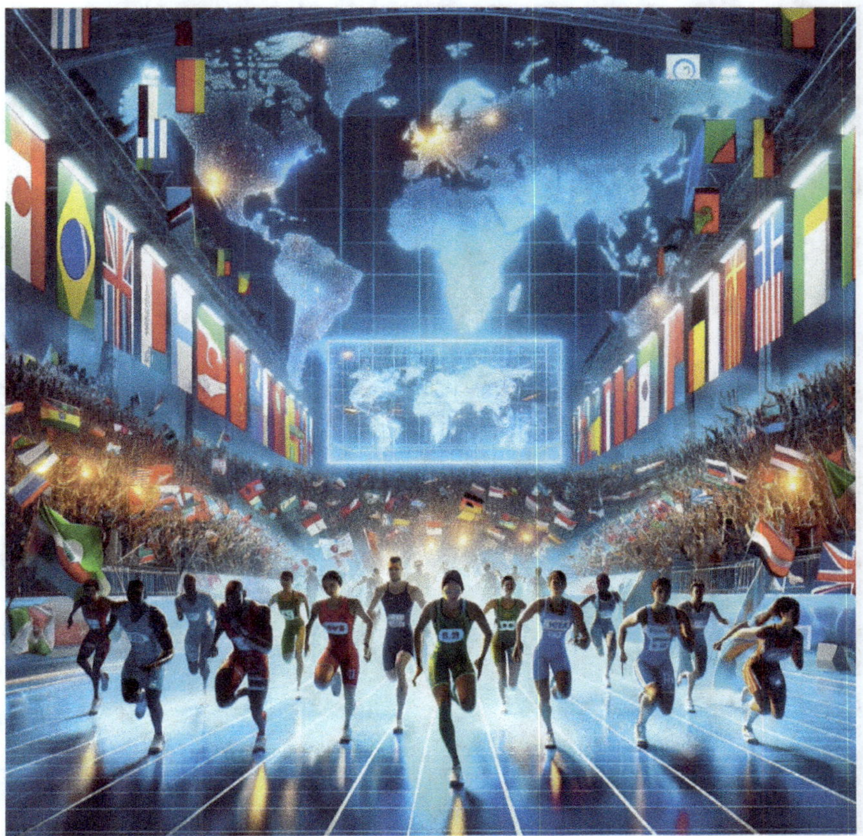

Un aspect qui ne doit pas non plus être oublié est la concurrence mondiale. Les pays et les entreprises se disputent déjà la suprématie dans le domaine de l'IA. Ceux qui ont une longueur d'avance dans ce domaine pourraient bénéficier d'avantages considérables, tant sur le plan économique que géopolitique. C'est pourquoi la coopération internationale est importante pour éviter une "spirale de l'armement IA".

Réglementation et législation

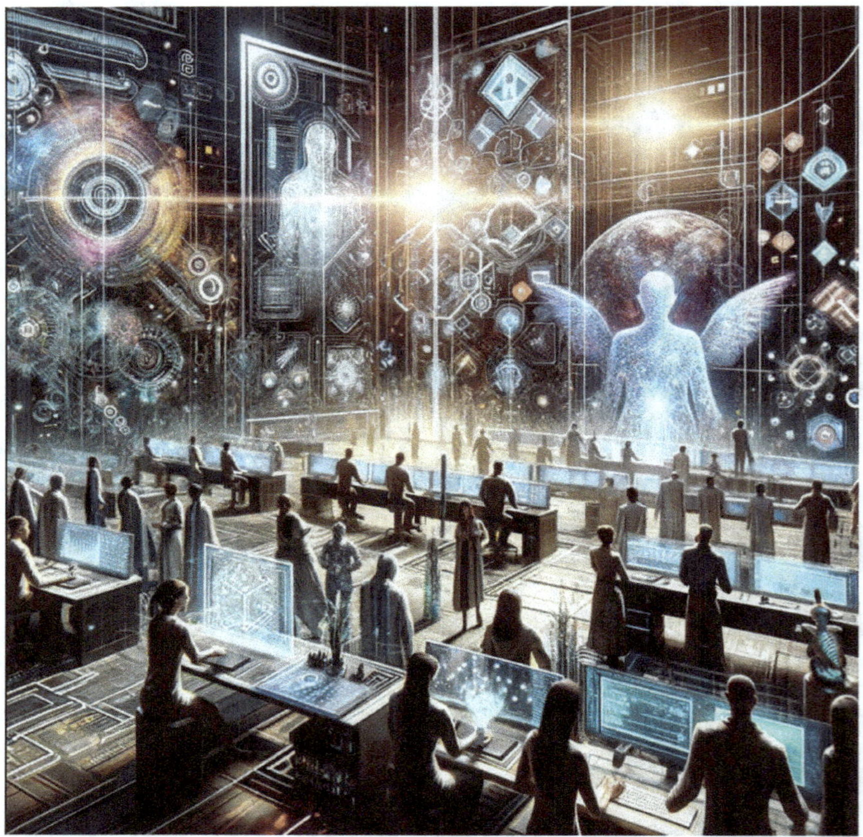

Le gouvernement a le devoir de créer à temps un cadre légal pour l'utilisation de l'IA. Que penserait-on par exemple d'une sorte de "contrôle de l'IA", une institution indépendante qui garantirait que les systèmes d'IA sont sûrs et éthiques ? Cette institution pourrait effectuer des tests et des audits et délivrer des certificats aux systèmes d'IA qui répondent à certaines exigences.

Interaction homme-machine

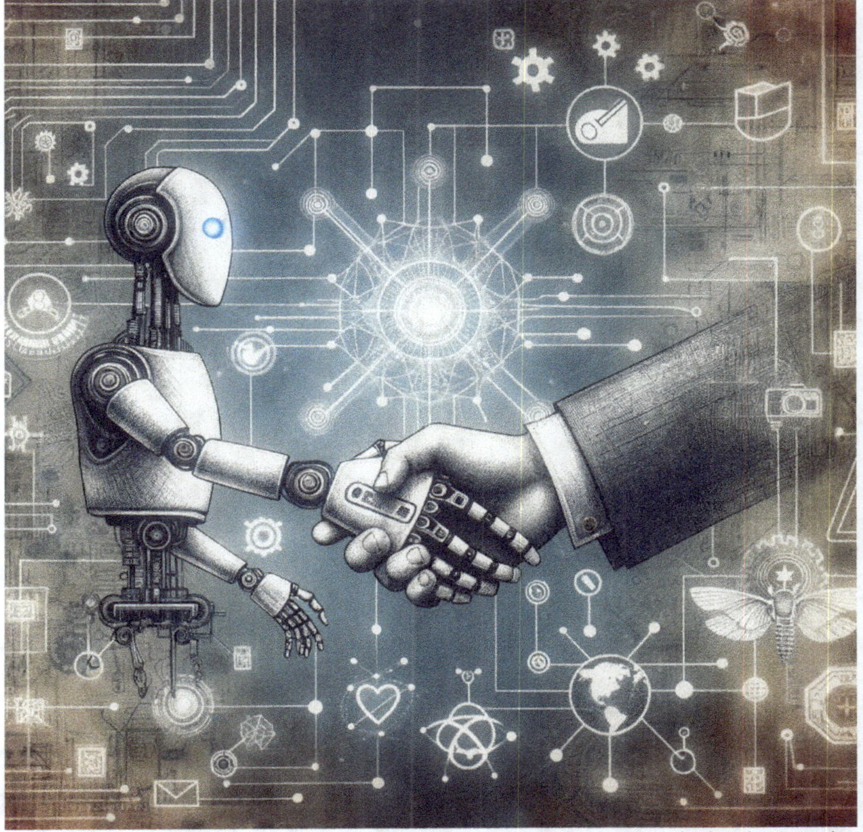

L'interaction entre les humains et les systèmes d'IA devrait devenir de plus en plus transparente et intuitive. Nous pourrions arriver à un point où la distinction entre les capacités humaines et ce qu'une IA peut faire deviendra de plus en plus floue.

Imagine qu'il existe un système d'IA capable de traduire non seulement la parole, mais aussi les émotions en temps réel. Ainsi, lorsque tu parles à quelqu'un qui parle une autre langue, l'IA pourrait transmettre non seulement les mots, mais aussi le contexte émotionnel. Cela pourrait changer fondamentalement la manière dont nous communiquons et établissons des relations. Mais cela soulève aussi des questions éthiques. Par exemple, l'IA devrait-elle être en mesure de "censurer" ou de modifier les émotions ?

Santé et longévité

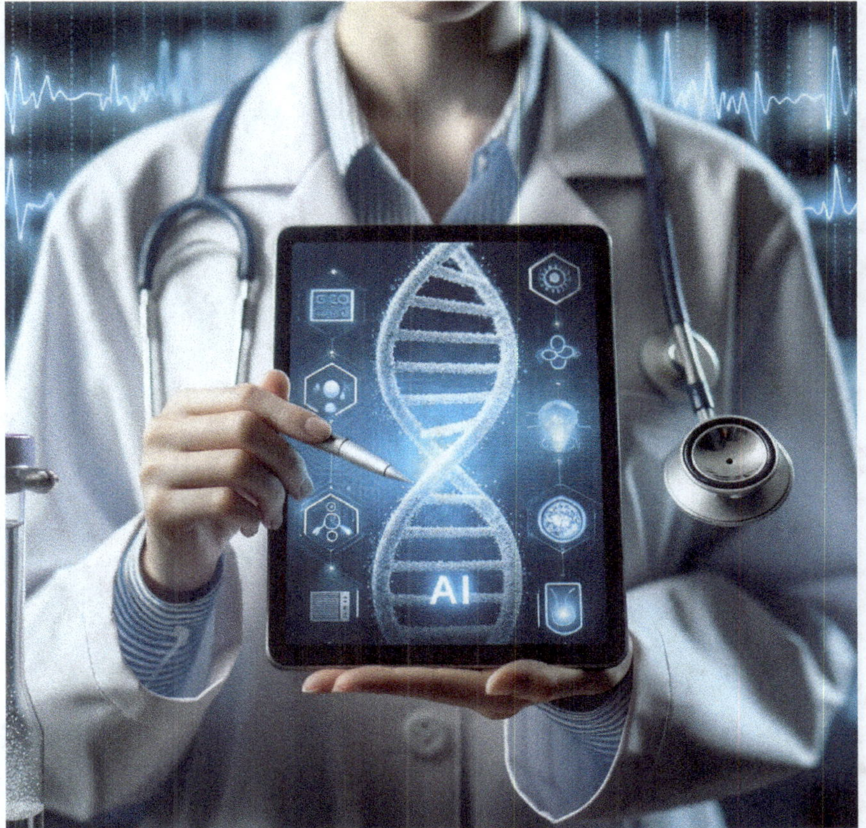

Un autre domaine passionnant est celui de la santé et de la longévité. Avec l'aide de l'IA, nous pourrions commencer à mieux comprendre le processus de vieillissement humain et peut-être même à le ralentir.

Un système d'IA pourrait analyser d'innombrables études scientifiques et données biologiques afin de trouver de nouveaux moyens de ralentir le processus de vieillissement. Cette technologie pourrait nous permettre de vivre plus longtemps et en meilleure santé. Mais cela soulève évidemment des questions éthiques et sociétales, notamment en ce qui concerne la densité de population et les ressources de la Terre.

L'IA dans la gouvernance

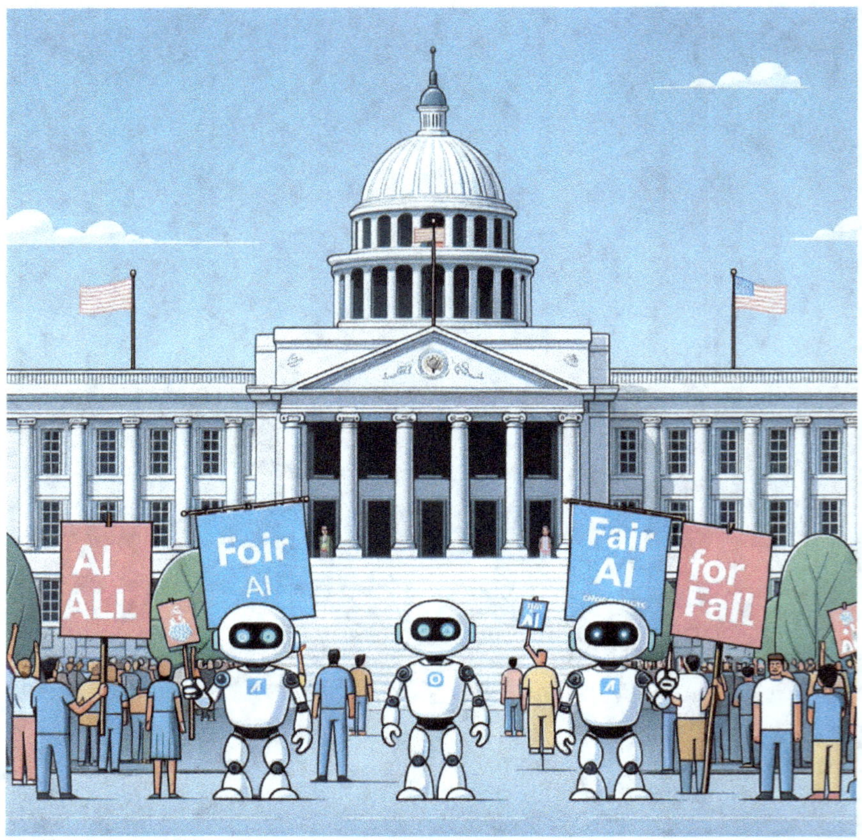

L'utilisation de l'IA dans l'administration et la gouvernance pourrait également constituer une révolution. Les systèmes d'IA pourraient aider à prendre des décisions basées sur une énorme quantité de données, contribuant ainsi à des systèmes sociaux plus efficaces et plus équitables.

L'IA pourrait par exemple concevoir un système fiscal suffisamment complexe et personnalisé pour calculer la charge fiscale la plus juste et la plus efficace pour chaque citoyen. Pour ce faire, l'IA pourrait prendre en compte des facteurs tels que le revenu, les conditions de vie, les dépenses personnelles et bien d'autres choses encore. Mais il y a bien sûr aussi des considérations éthiques. Les gens voudraient-ils laisser à une machine le pouvoir de prendre des décisions aussi importantes ?

Cybersécurité

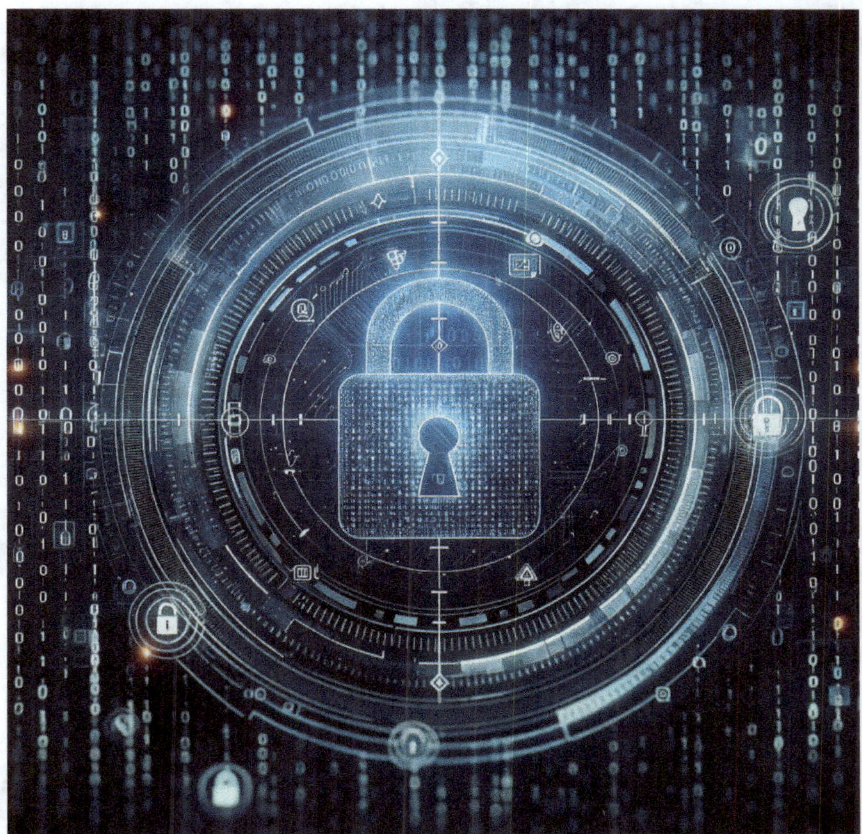

Avec la dépendance croissante aux systèmes d'IA, la cybersécurité devient également de plus en plus importante. L'IA avancée pourrait représenter à la fois une menace et une solution dans ce domaine.

Un pays pourrait développer une IA capable de déjouer les systèmes de défense d'un autre pays. Dans le même temps, le pays qui se défend pourrait avoir une IA capable de contrer de telles attaques en temps réel. Cela pourrait conduire à une course sans fin entre les systèmes d'IA, dans laquelle la stabilité de l'ordre mondial serait en jeu.

Justice sociale et IA

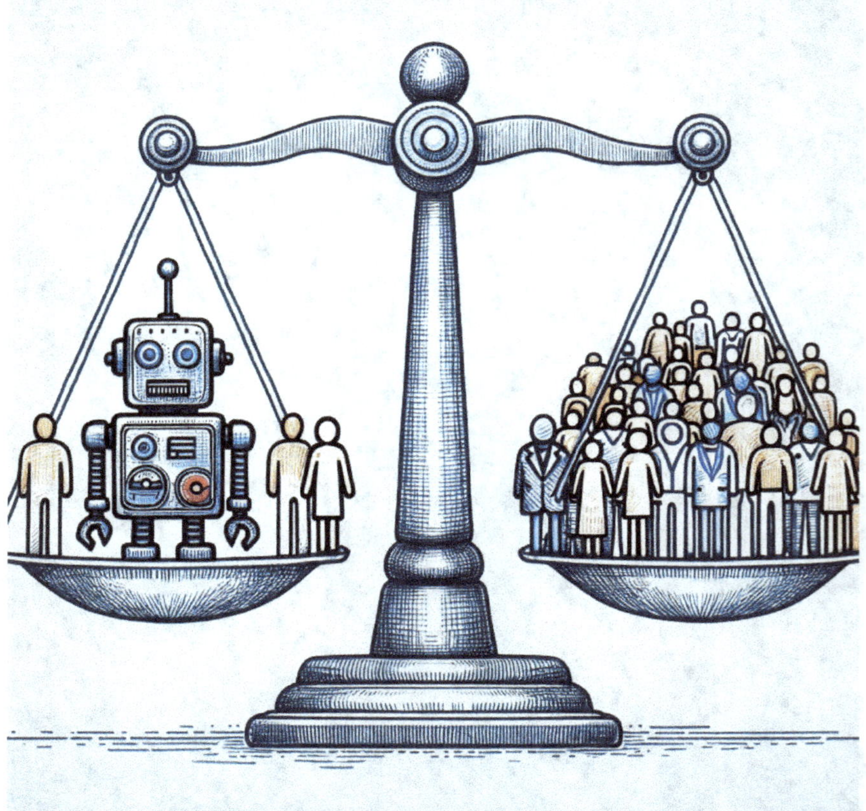

La manière dont l'IA est développée et utilisée a un impact considérable sur la justice sociale. La discrimination et les préjugés peuvent être renforcés par des systèmes d'IA mal conçus ou biaisés.

Imaginez qu'un système d'IA soit utilisé pour prédire les crimes. Si ce système est entraîné sur des données historiques qui sont déjà discriminatoires, il pourrait renforcer les préjugés et désavantager injustement certains groupes sociaux ou ethniques. Des structures sociales injustes pourraient ainsi être perpétuées et aggravées, ce qui pose un problème éthique considérable.

Autonomie et autodétermination

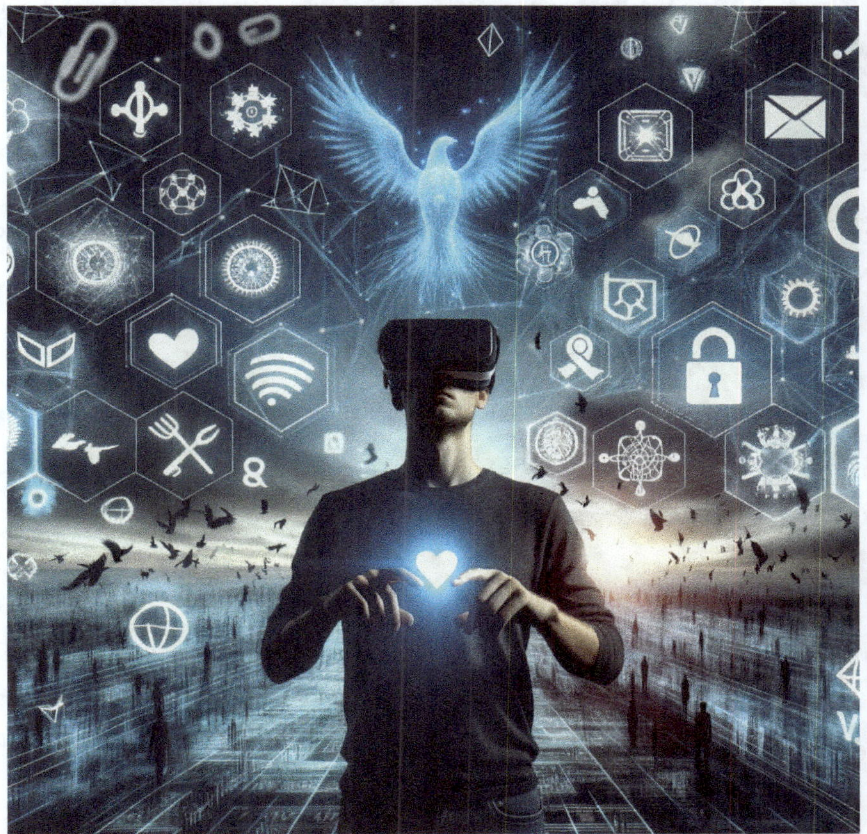

Avec le développement de l'IA, notre autonomie et notre sentiment d'autodétermination pourraient être affectés. Les systèmes d'IA pourraient devenir si doués pour prédire le comportement humain qu'ils pourraient orienter efficacement nos décisions.

Supposons qu'une IA connaisse si bien vos préférences et vos aversions qu'elle puisse vous proposer des produits ou des services auxquels il vous sera difficile de résister. La question se pose alors de savoir dans quelle mesure nous agissons encore en tant qu'individus autonomes et autodéterminés si une machine anticipe nos décisions mieux que nous-mêmes.

Conclusion : une approche intégrée pour l'avenir de l'IA

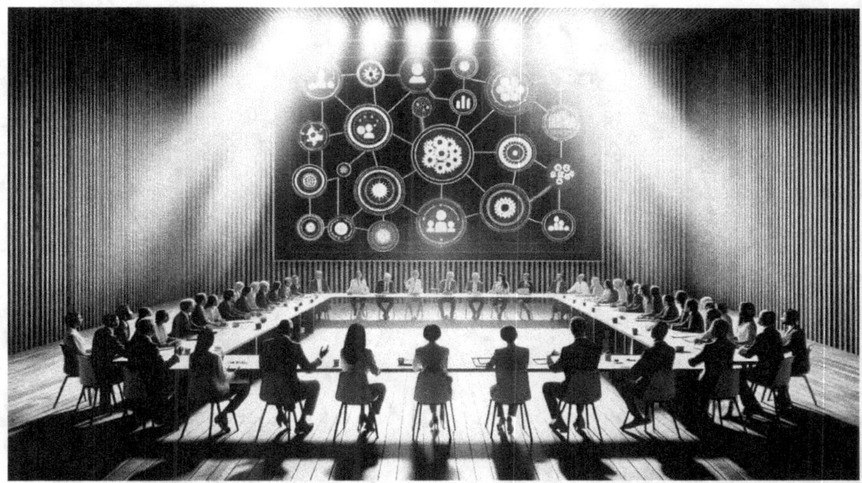

L'intelligence artificielle se trouve à un tournant qui pourrait transformer notre société de la manière la plus fondamentale qui soit au cours des 30 prochaines années. Les défis sont aussi nombreux que les possibilités sont impressionnantes. Il ne s'agit pas seulement de réaliser des avancées technologiques, mais aussi de prendre en compte les implications éthiques, sociales et environnementales de cette technologie.

La conception de cet avenir de l'IA ne peut pas être laissée aux seules mains des techniciens, des scientifiques ou des entrepreneurs. Elle nécessite un large débat social et l'interaction de spécialistes de l'éthique, des sciences sociales, du droit et de nombreuses autres disciplines. Chacun d'entre nous, jeune ou moins jeune, doit avoir la possibilité de participer à ce débat et d'exprimer ses préoccupations et ses espoirs.

Les gouvernements ont un rôle crucial à jouer dans la gestion et la réglementation du développement de l'IA. Ils doivent veiller à ce que les lois et les réglementations favorisent à la fois la capacité d'innovation et protègent les citoyens contre les abus. Dans ce contexte, il est important que la législation soit harmonisée non seulement au niveau national, mais aussi au niveau international, afin d'être efficace.

La quête d'une IA durable doit être en accord avec les objectifs mondiaux de durabilité. Cela implique de prendre en compte, outre le développement technologique, l'utilisation responsable des ressources et de ne pas renforcer les inégalités sociales.

L'industrie doit être consciente de la responsabilité qu'elle porte dans le développement et la mise en œuvre des technologies d'IA. Cela implique de ne pas se contenter de fixer des principes éthiques sur le papier, mais de les mettre en œuvre de manière cohérente dans la pratique.

Étant donné que l'IA va révolutionner de nombreux domaines professionnels, l'apprentissage tout au long de la vie est essentiel pour tous les groupes d'âge. Chacun doit avoir la possibilité de se former et de s'adapter à l'évolution des exigences professionnelles.

En fin de compte, il s'agit de trouver un équilibre entre les énormes opportunités et les risques tout aussi importants de l'IA. Ce n'est pas une tâche facile, mais elle est réalisable si toutes les parties prenantes - scientifiques, politiques, citoyens, mais aussi les systèmes d'IA eux-mêmes - travaillent ensemble de manière intégrée.

Le chemin vers l'avenir est complexe et plein d'incertitudes, mais aussi de possibilités. Avec un effort collectif qui reconnaît la complexité des défis et les aborde de manière globale, nous pouvons espérer façonner un avenir de l'IA qui soit non seulement technologiquement avancé, mais aussi éthiquement acceptable et socialement équitable. Et c'est un avenir vers lequel nous devrions tous tendre.

Digression : création des images de ce livre

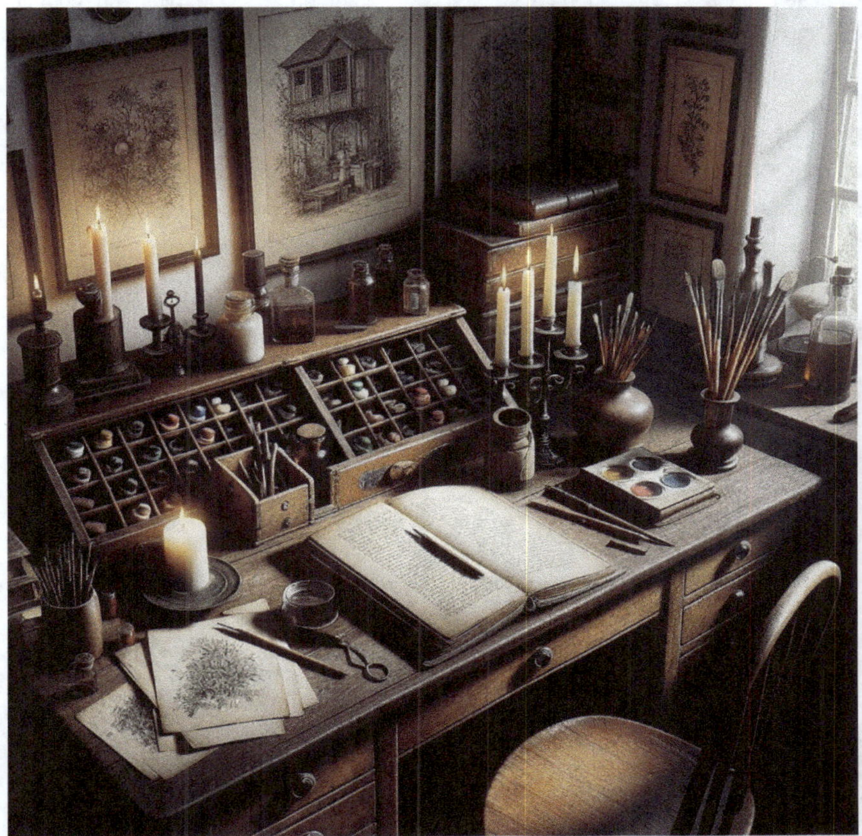

Dans le chapitre final de ce livre, nous voulons te dévoiler un secret particulier : Toutes les images que tu as vues en feuilletant les pages ne sont pas l'œuvre d'un artiste ou d'un photographe, mais ont été créées par une intelligence artificielle. Cette intelligence artificielle s'appelle DALLE-3 et nous aimerions te montrer brièvement le processus :

Instructions pour l'activation de DALL-E 3

Pour développer tout le potentiel de ChatGPT, le livre propose des instructions pas à pas et des exemples pratiques. Voici un guide de base sur l'installation des plugins, de l'interpréteur de code et de DALL-E 3 en GPT-4 :

Avant de commencer, il y a une étape que tu ne dois faire qu'une seule fois avec ton compte ChatGPT Plus : clique sur les trois points en bas à gauche pour faire apparaître le menu. Choisis ensuite "Fonctions bêta" et active ensuite "Plugins" et "Interpréteur de code". (Remarque : DALL-E 3 fonctionne également sans cette première étape).

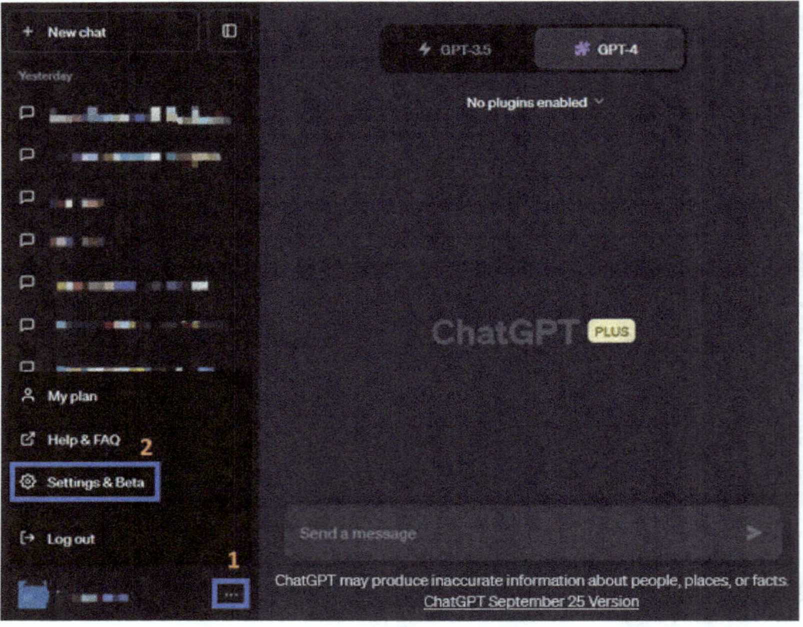

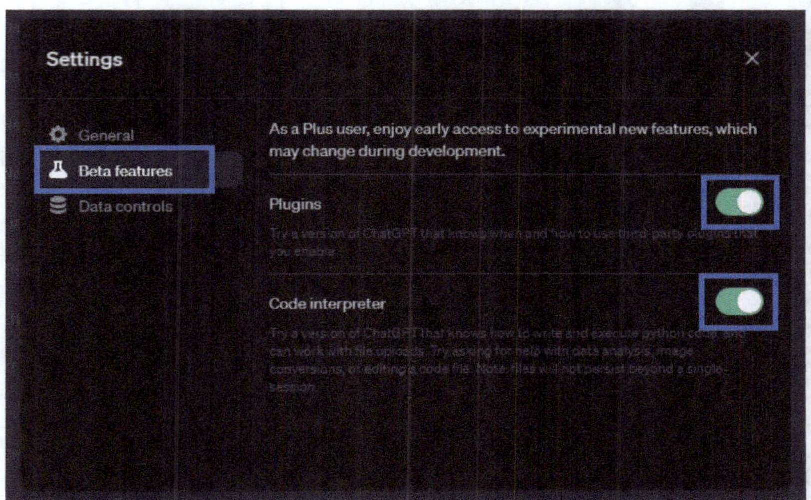

Pour activer DALL-E 3, certains plugins ou l'interpréteur de code, tu dois démarrer un nouveau chat avec ChatGPT. Choisis GPT-4 et dans le menu déroulant de GPT-4, tu as la possibilité d'activer DALL-E 3, l'interpréteur de code ou les plugins.

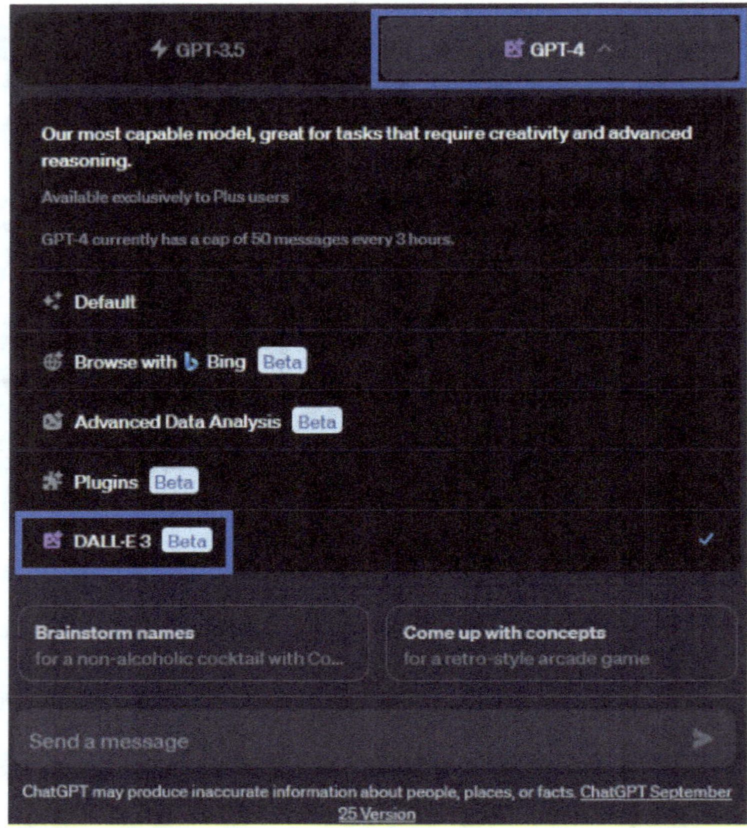

Saisie dans ChatGPT :

Crée une image pour chaque chapitre (le livre traite de l'IA) :

Introduction 4 Rétrospective 5 Débuts précoces 5 Années 1950 : l'heure de la naissance 6 Années 1960 et 1970 : premiers succès et revers 6 Années 1990 : Internet et davantage de données 6 Aujourd'hui : l'IA au quotidien 7 Explication des termes : qu'est-ce que l'intelligence artificielle ? 8 IA faible (Narrow AI) 9 IA forte (General AI) 10 IA super intelligente (Super AI) 10 Phares de la pensée : sagesse et avertissements du monde de l'IA 13 Tendances actuelles 18 1. Apprentissage automatique en périphérie (Edge AI) : 18 2. Apprentissage par autosurveillance : 21 3. Apprentissage par transfert : 24 4. Modèles linguistiques de la prochaine génération : 26 5. IA pour la durabilité : 29 6. Explicabilité et transparence de l'IA : 31 7. Réalité augmentée et IA : 34 8. Robotique et systèmes autonomes : 37 Digression : systèmes multimodaux 40 9. Protection des données et IA : 44 10. Informatique quantique et IA : 46 Regard vers l'avenir 49 Conclusion : une approche intégrée pour l'avenir de l'IA 55

Sortie de ChatGPT :

Bien sûr, je vais maintenant créer une image pour chaque chapitre de ton livre sur l'intelligence artificielle. Voici les descriptions des images :

1. **Introduction** : une photo montrant une page de livre ouverte. La page diffuse une lumière douce et chaude qui éclaire l'espace autour du livre. Sur la page du livre, on peut voir des circuits stylisés et du code binaire, symbolisant le lien entre la littérature et la technologie.

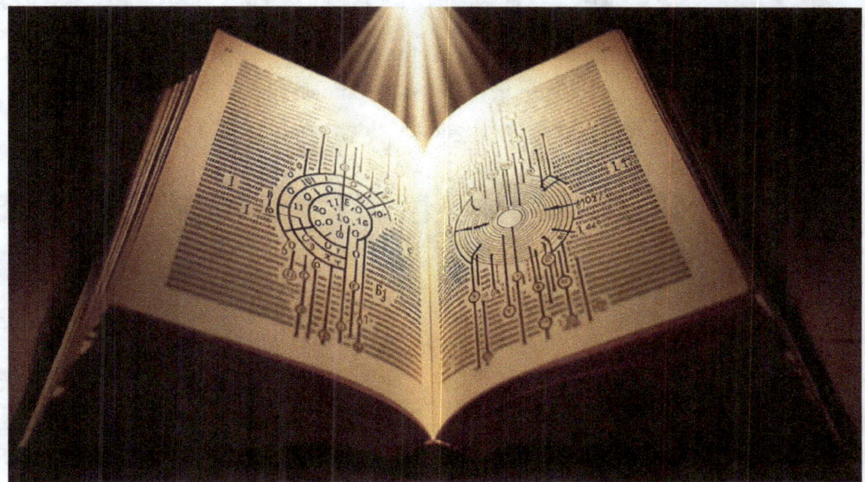

2. **Retour en arrière** : Une peinture à l'huile représentant une bibliothèque antique. Au centre de l'image se trouve une grande lunette d'approche dirigée vers le ciel. Cela symbolise le besoin humain de regarder au-delà de l'horizon

et   de   chercher   de   nouvelles   connaissances.

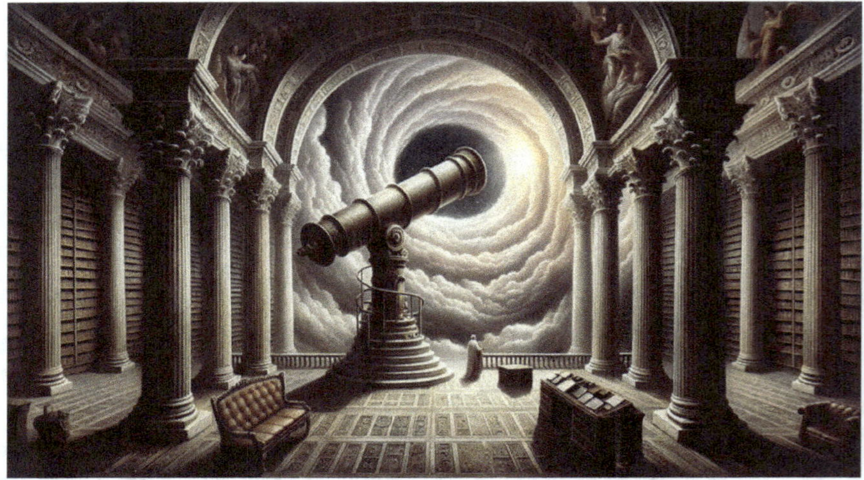

3. **Débuts précoces** : une photo montrant un vieil atelier poussiéreux. Sur une table de travail se trouvent différentes pièces mécaniques et des outils simples. Un simple bras robotique des débuts de la robotique tente de saisir un   cube.

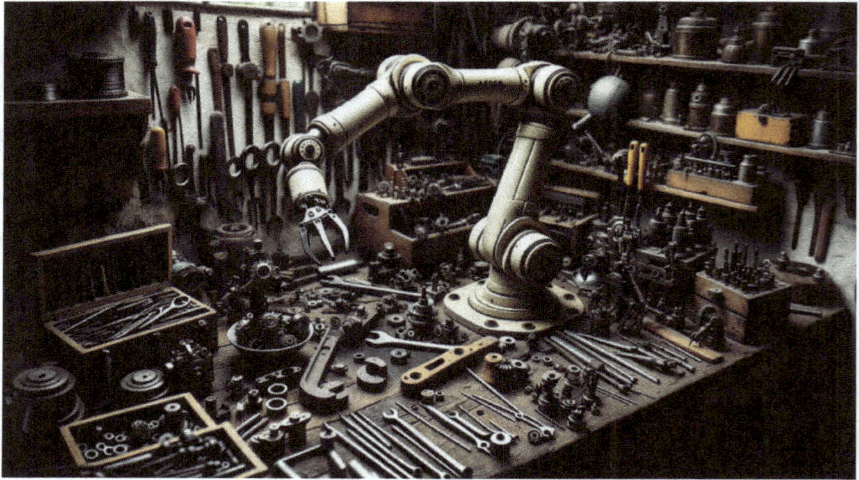

4. **Années 1950 : la naissance** : un dessin montrant un groupe de scientifiques dans un laboratoire des années 1950. Ils travaillent sur de grands ordinateurs

avec de nombreux câbles et des lumières clignotantes. L'un des scientifiques montre un écran sur lequel fonctionne le premier algorithme d'IA.

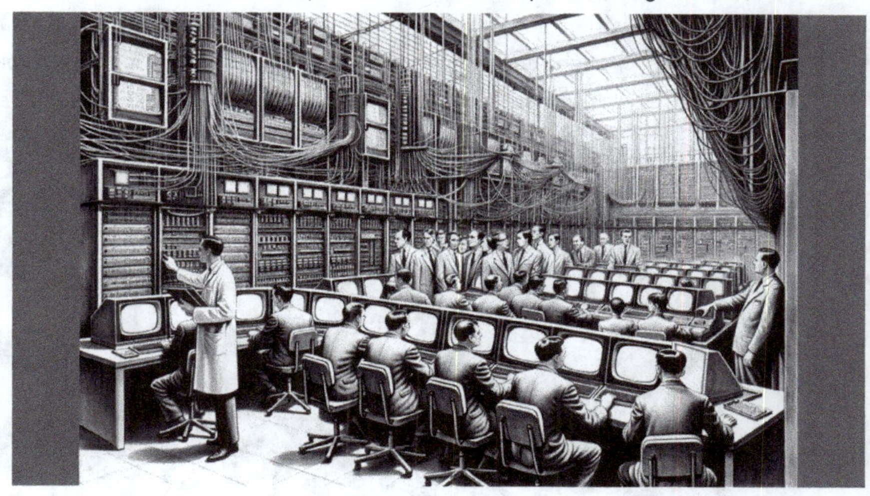

5. **Années 1960 et 1970 : premiers succès et échecs** : Une photo montrant un collage d'articles de journaux et de magazines des années 1960 et 1970. Les gros titres traitent des premiers succès de l'IA, mais aussi des défis et des revers de cette époque.

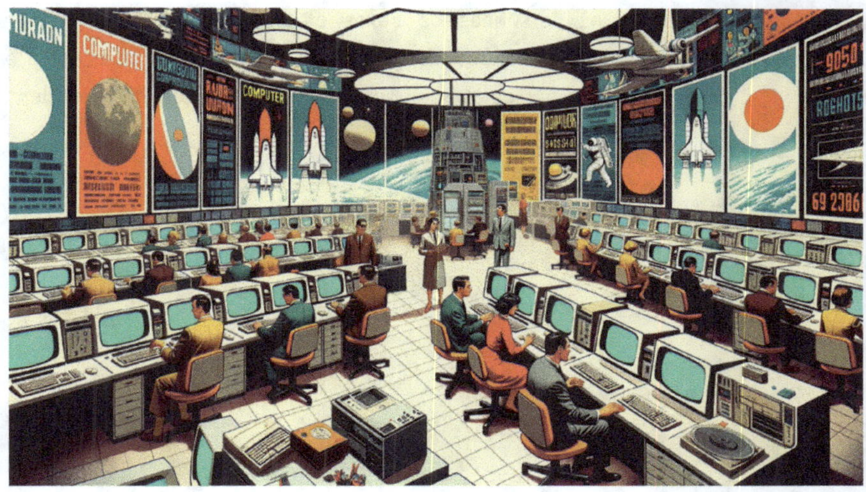

6. **Années 1990 : Internet et davantage de données** : Une illustration représentant le monde sous la forme d'un globe, entouré de moniteurs d'ordinateur. Les moniteurs affichent différents sites web et des flux de données circulent des moniteurs vers le globe. Cela symbolise l'explosion d'Internet et l'augmentation des données qui a influencé la recherche en IA.

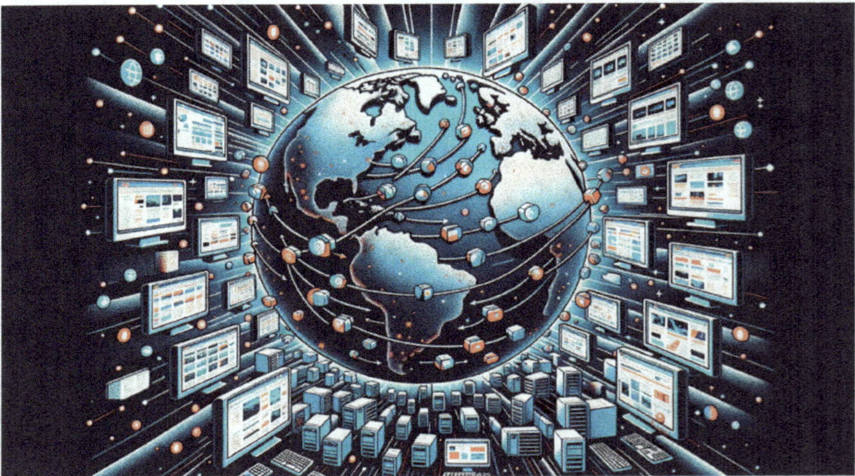

7. **Aujourd'hui, l'IA au quotidien** : une photo représentant un quotidien moderne. Des personnes de sexes et d'origines différents utilisent des smartphones, des montres intelligentes et d'autres technologies. En arrière-plan, on voit des véhicules autonomes et des robots qui effectuent des tâches

quotidiennes.

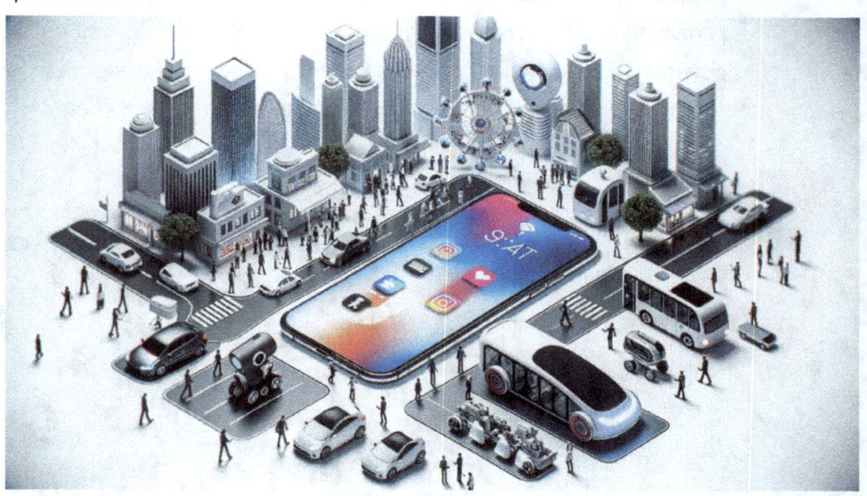

8. **Explication des termes : Qu'est-ce que l'intelligence artificielle ?** Un dessin représentant une balance. D'un côté de la balance se trouve un cerveau humain, de l'autre une puce informatique. Au-dessus de la balance flotte une ampoule qui symbolise le moment de la compréhension et de l'illumination.

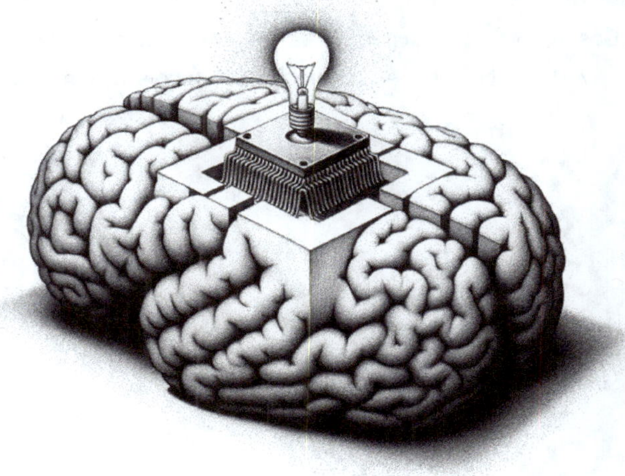

9. **IA faible (Narrow AI)** : une illustration montrant une machine qui exécute parfaitement des tâches spécifiques, comme jouer aux échecs ou faire des prévisions météorologiques. Des personnes de sexes et d'origines différentes se tiennent autour de la machine et s'émerveillent de ses capacités, tandis qu'en arrière-plan sont montrées d'autres machines qui échouent dans d'autres domaines.

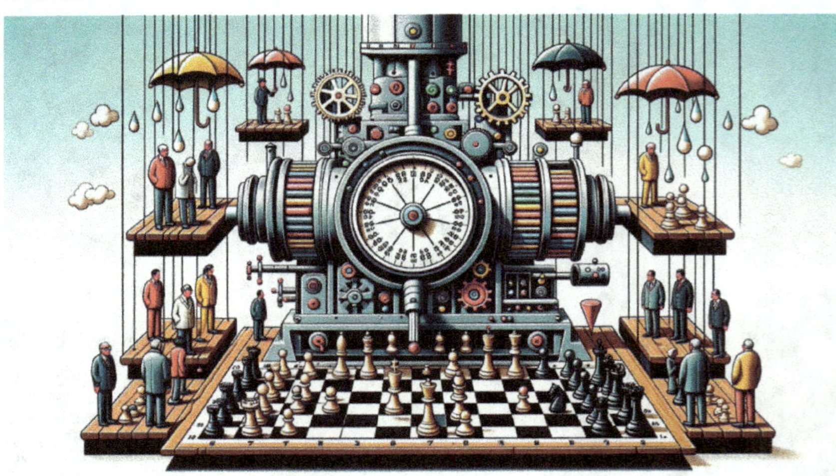

10. **IA forte (General AI)** : une peinture à l'huile représentant une ville futuriste. Des robots et des personnes de sexes et d'origines différents vivent et travaillent ensemble en harmonie. Les robots montrent des émotions et des

capacités semblables à celles des humains.

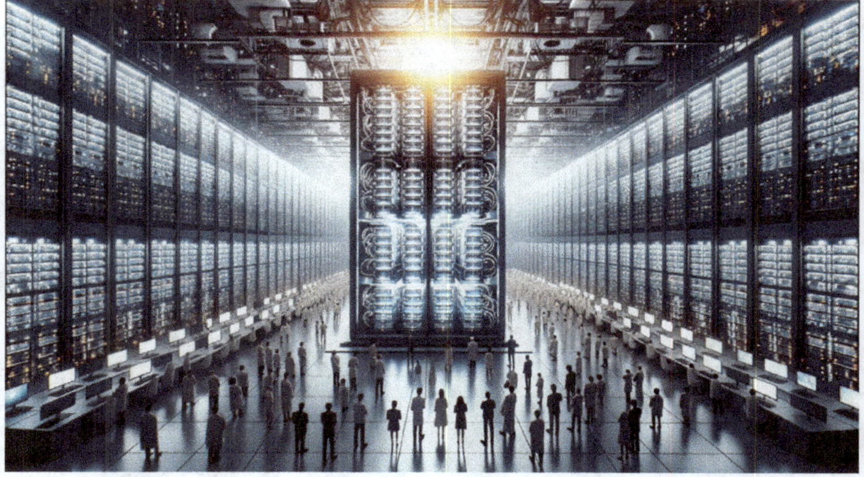

11. **IA super intelligente (Super AI)** : une photo montrant un ordinateur géant dans un centre de données moderne. L'ordinateur émet une lumière vive et est relié à de nombreuses autres machines. Autour de l'ordinateur, des personnes de sexes et d'origines différents se tiennent en respect.

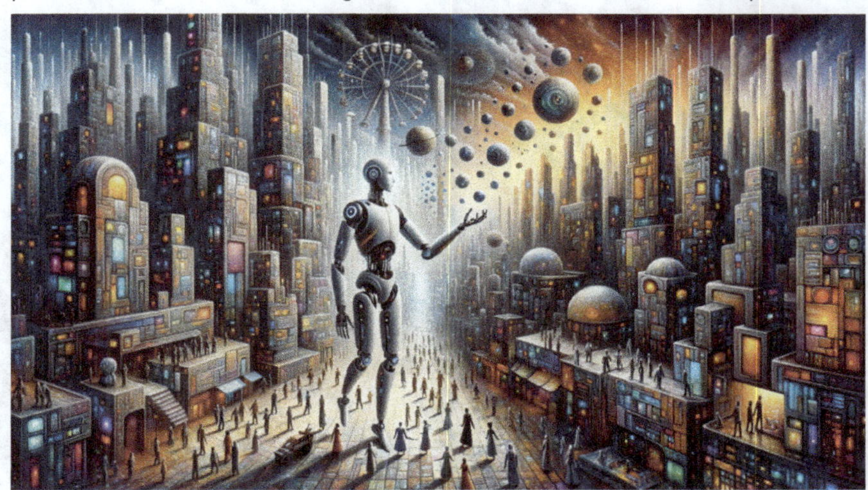

12. **Phares de la pensée : sagesses et avertissements du monde de l'IA** : une peinture à l'aquarelle représentant un vieux sage assis au sommet d'une

montagne et contemplant la vallée en contrebas. Il tient dans sa main un livre intitulé "IA" et des images holographiques de citations et de sagesse volent autour de lui.

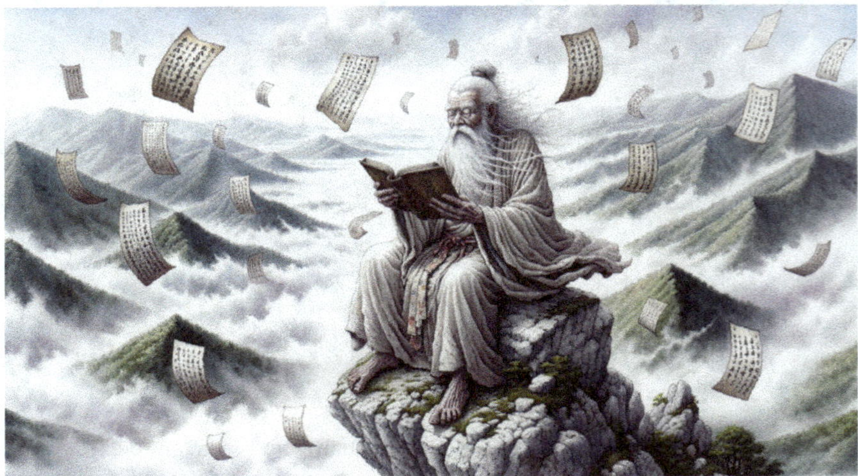

13. **Tendances actuelles** : l'image montre une conférence ou un salon sur l'IA où des personnes de sexes et d'origines différents examinent les dernières innovations en matière d'IA.

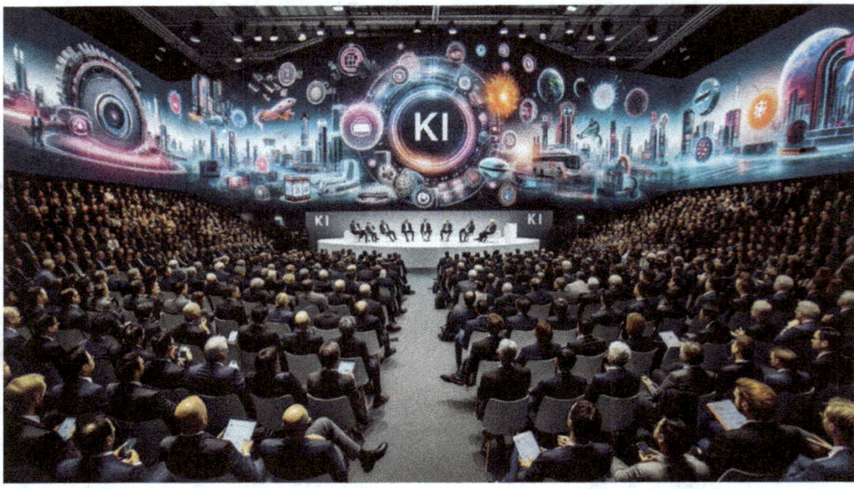

14. **Apprentissage automatique sur le bord (Edge AI)** : L'illustration représente un smart device moderne à l'intérieur duquel des circuits microscopiques sont visibles. Cela symbolise le concept de "Edge Computing".

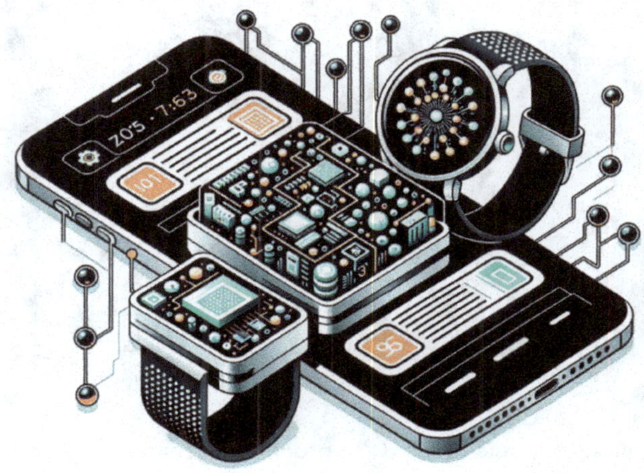

15. **Apprentissage par auto-surveillance** : la peinture à l'huile montre une IA qui se reflète dans un miroir et apprend en même temps.

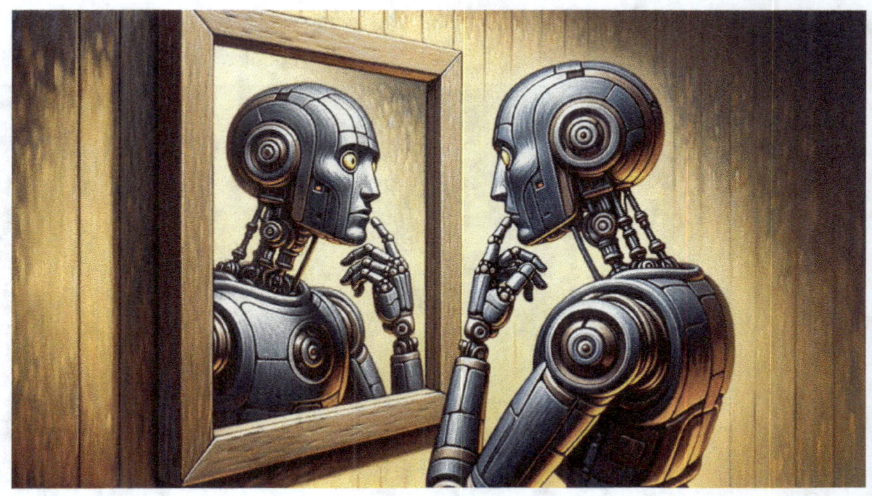

16. **Apprentissage par transfert** : sur le dessin, un robot enseigne à un autre robot en lui transmettant des informations via un câble. Des personnes de

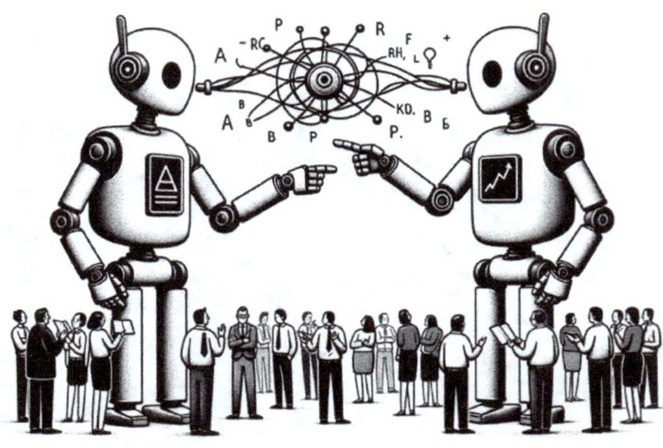

17. **Modèles linguistiques de la prochaine génération** : une photo montrant un lieu de travail moderne et ouvert. Des personnes de sexes et d'origines différents sont assises devant leur ordinateur et portent des écouteurs. Sur leurs écrans, on peut voir des chatbots et des programmes de reconnaissance vocale. Au-dessus d'eux flotte une représentation holographique de formes d'ondes   et   de   modèles   de   voix.

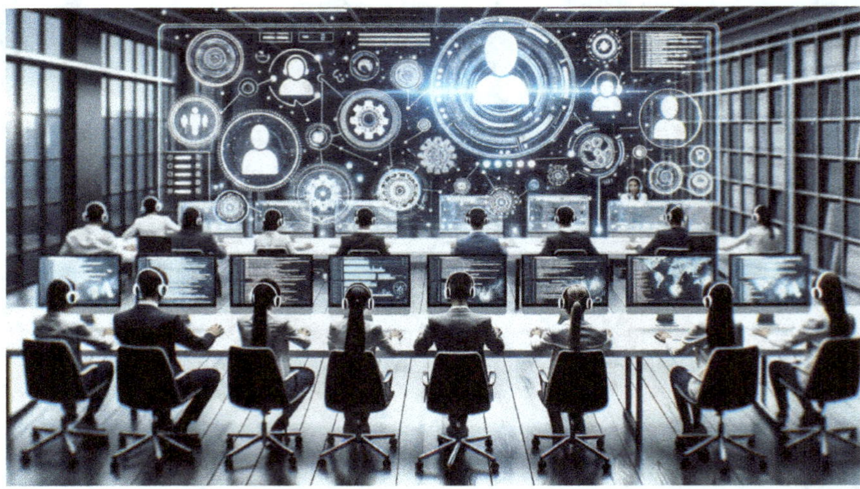

18. **L'IA pour la durabilité** : l'illustration représente une ville verte et florissante où les gens plantent des arbres et utilisent des technologies durables.

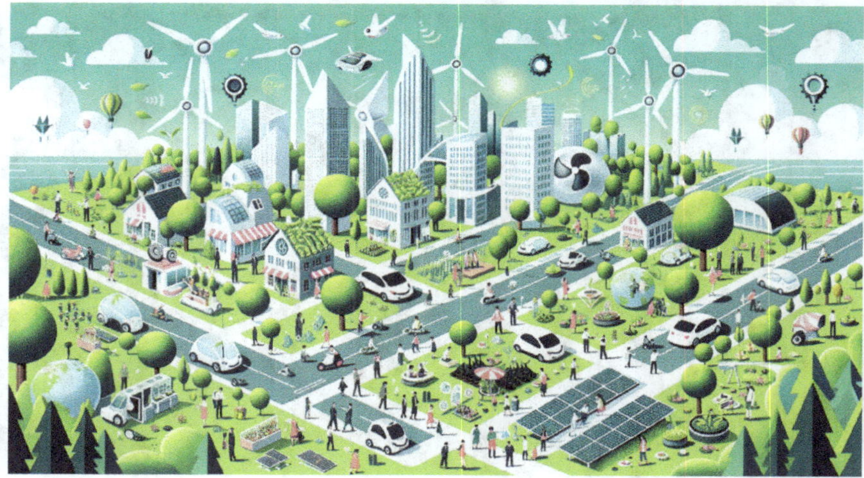

19. **Explicabilité et transparence de l'IA** : sur la peinture à l'huile, on peut voir une IA sous la forme d'un robot de verre. Des personnes se tiennent autour du robot et l'étudient attentivement.

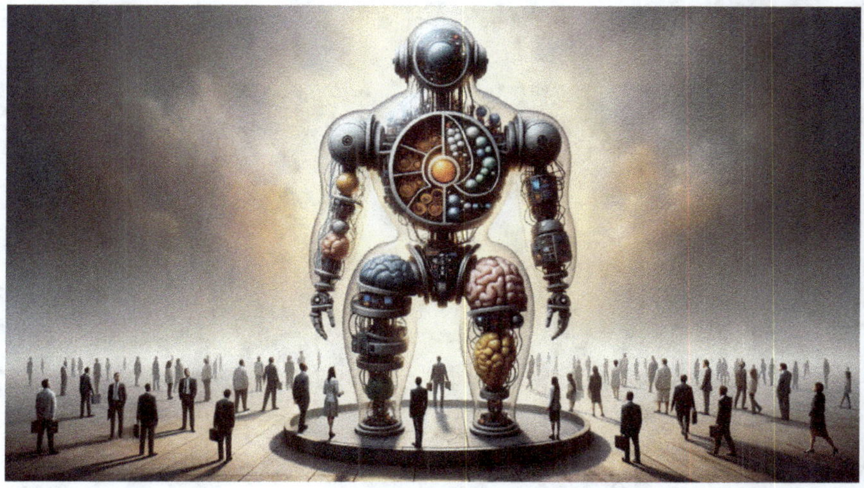

20. **Réalité augmentée et IA** : la photo montre un groupe de personnes portant des lunettes spéciales et faisant l'expérience d'une réalité augmentée.

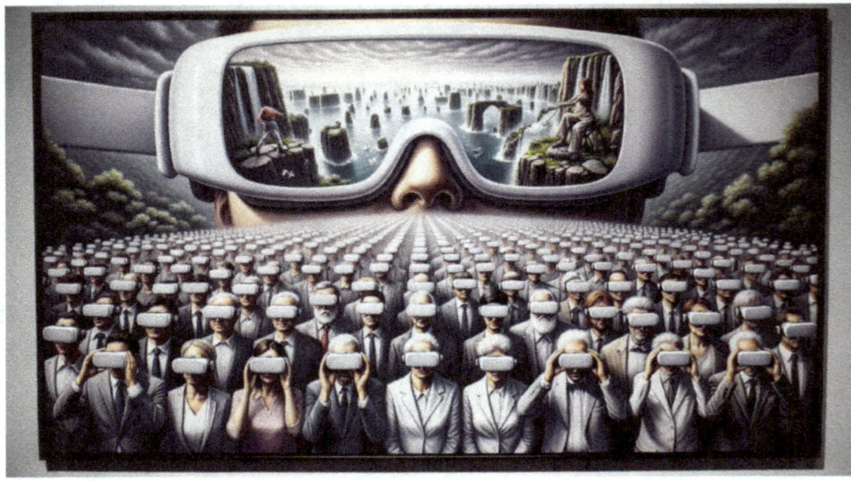

21. **Robotique et systèmes autonomes** : une photo montrant un hall d'usine moderne. Des bras robotisés de différentes tailles et formes exécutent des tâches précises. Des personnes de sexes et d'origines différents surveillent les processus et interagissent avec les robots via des tablettes et des ordinateurs.

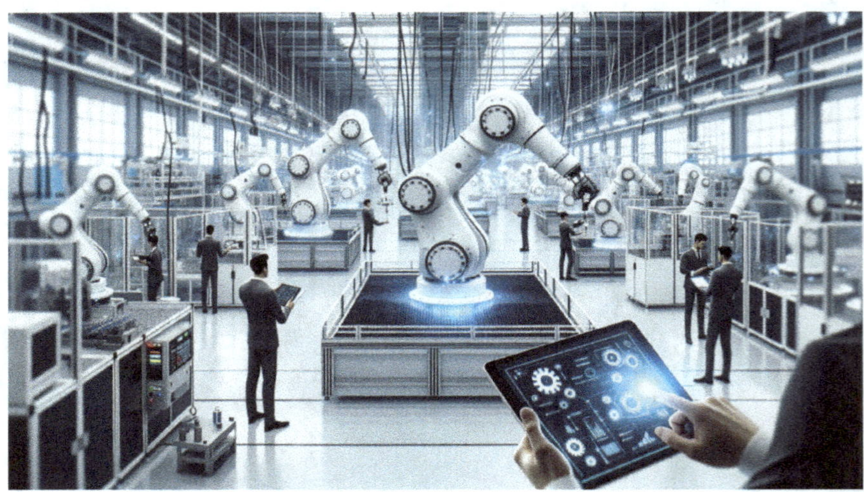

22. **Digression : systèmes multimodaux** : une illustration représentant un système d'IA central connecté à différents capteurs tels que des caméras, des microphones et des capteurs tactiles. Le système traite simultanément différents formats d'entrée et émet des actions coordonnées.

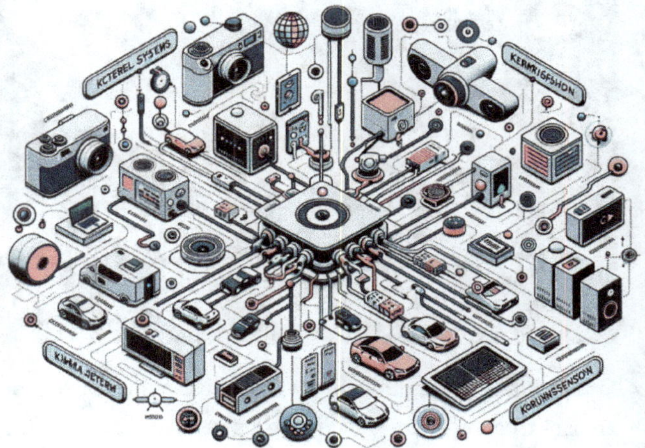

23. **Protection des données et IA** : la peinture à l'huile représente un coffre-fort dans lequel les données sont représentées sous forme de cubes lumineux. Un bras robotisé tente d'y accéder, mais il est bloqué par un bouclier de

protection   des   données.

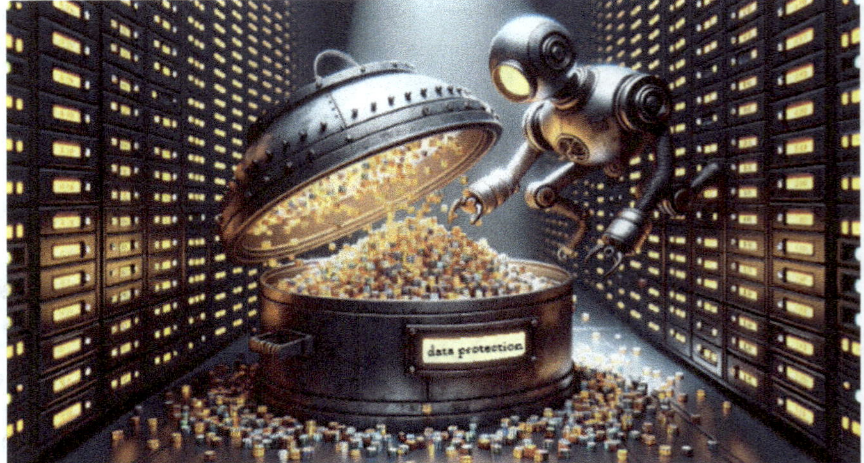

24. **Informatique quantique et IA** : le dessin montre un ordinateur futuriste entouré d'ondes énergétiques, que les gens observent avec intérêt.

25. **Regard vers le futur** : une illustration représentant une ville futuriste de nuit. La ligne d'horizon se caractérise par des bâtiments hauts et lumineux. Des véhicules autonomes et des drones flottent au-dessus de la ville. Des personnes de sexes et d'origines différentes marchent dans des rues animées

et interagissent avec des écrans holographiques.

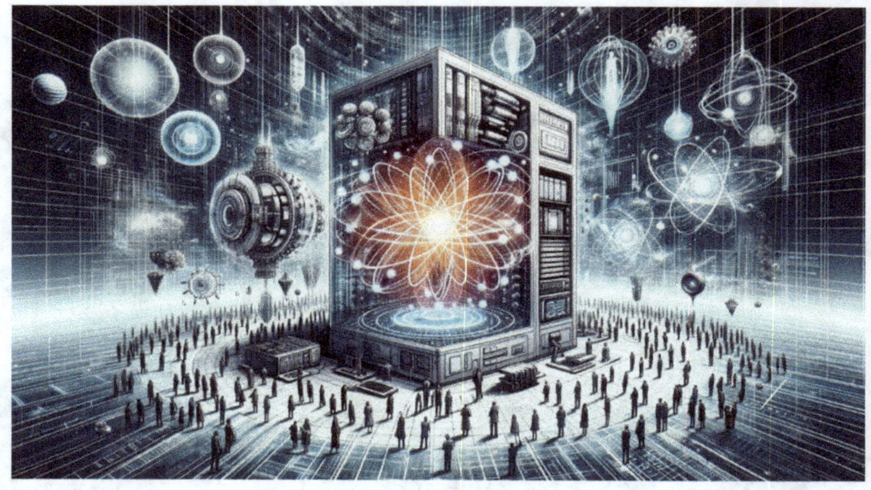

26. **Durabilité écologique** : une photo d'une plante verte poussant à partir d'une puce informatique pour illustrer le lien entre la technologie et la nature. En arrière-plan, on voit un diagramme montrant des principes éthiques.

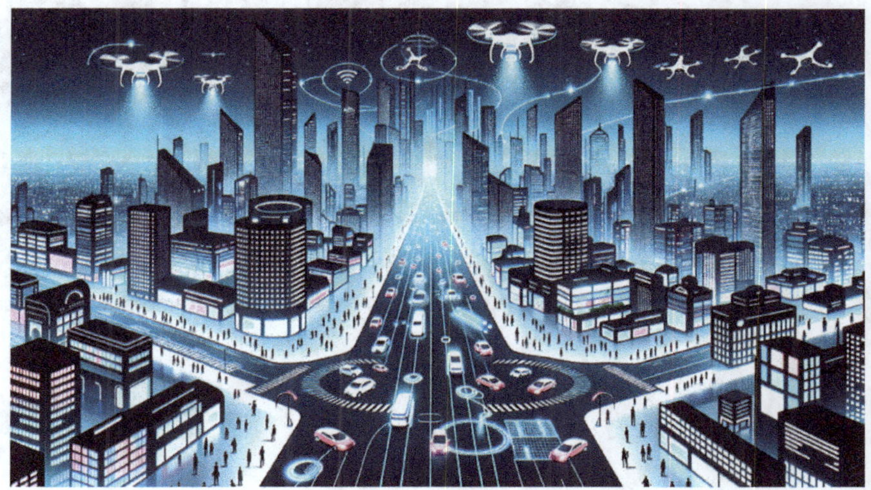

27. **Les effets sociaux** : Une photo d'un groupe diversifié de personnes regardant toutes leur smartphone, avec en arrière-plan des icônes

holographiques   représentant   différents   réseaux   sociaux.

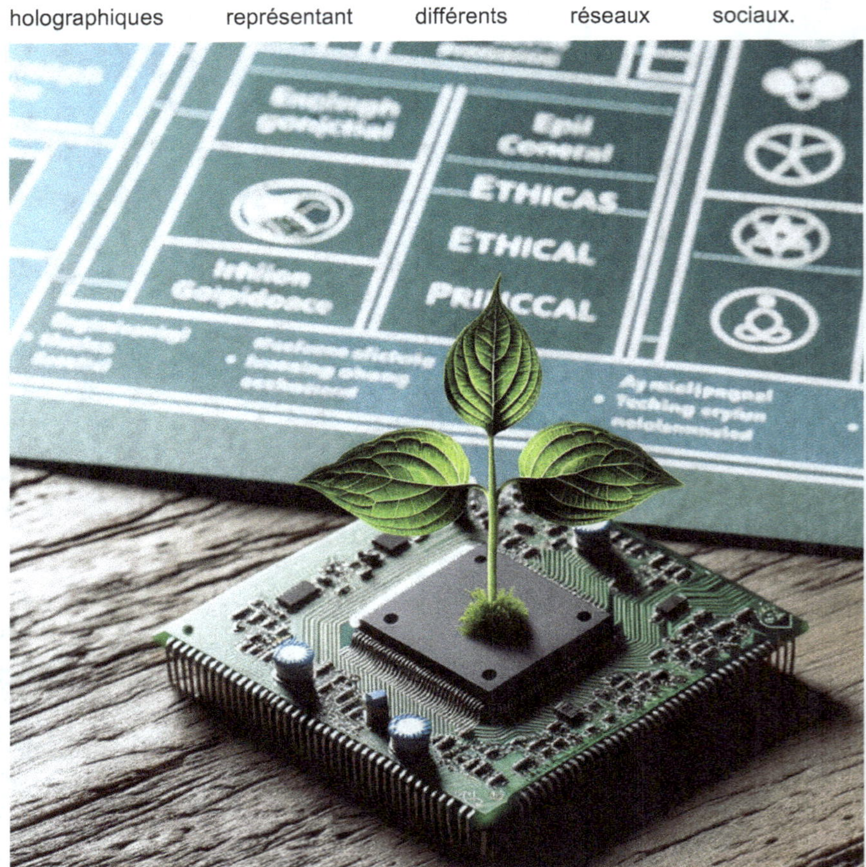

28. **Implications économiques** : Une photo d'une ville moderne avec des gratte-
ciel, dont l'un ressemble à un bras robotique géant empilant des pièces de

monnaie.

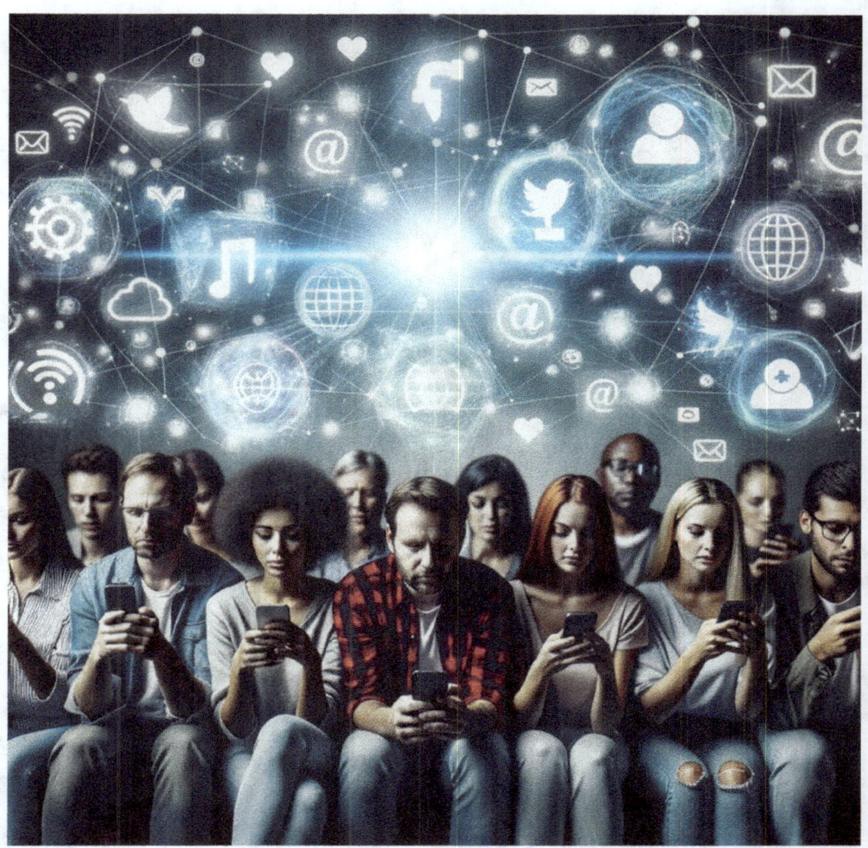

29. **Effets psychologiques :** Une illustration d'un cerveau humain connecté à des circuits numériques et, à côté, des symboles émotionnels comme un visage

souriant et un visage triste.

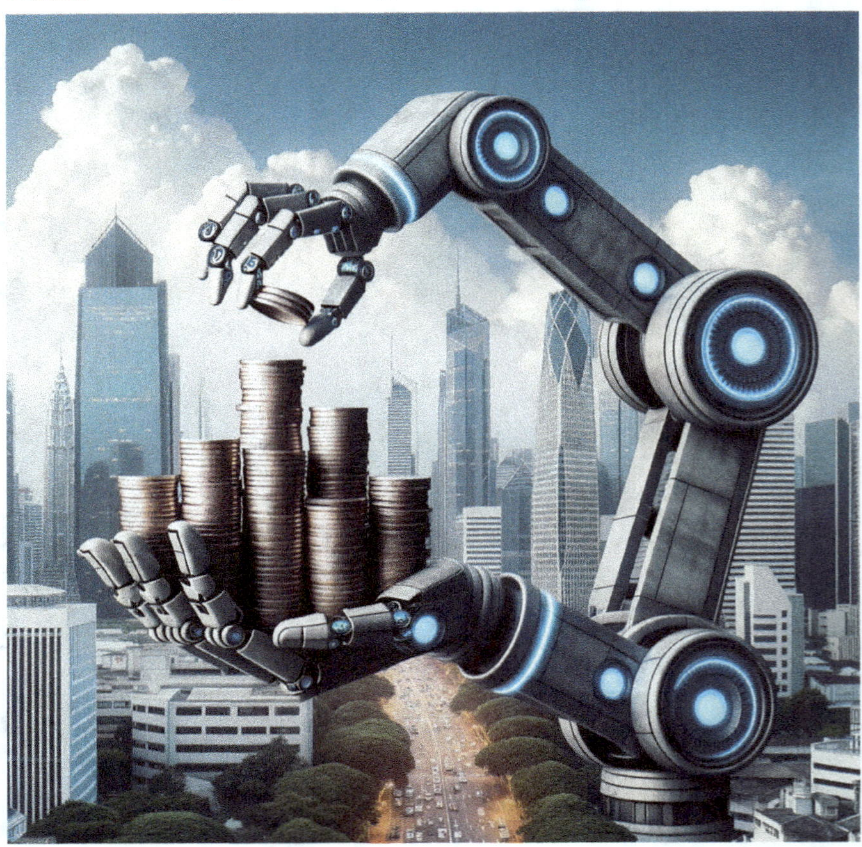

30. **L'IA et l'art :** une peinture à l'huile d'un robot peignant sur un chevalet, tandis que des œuvres d'art classiques et modernes sont visibles en arrière-plan.

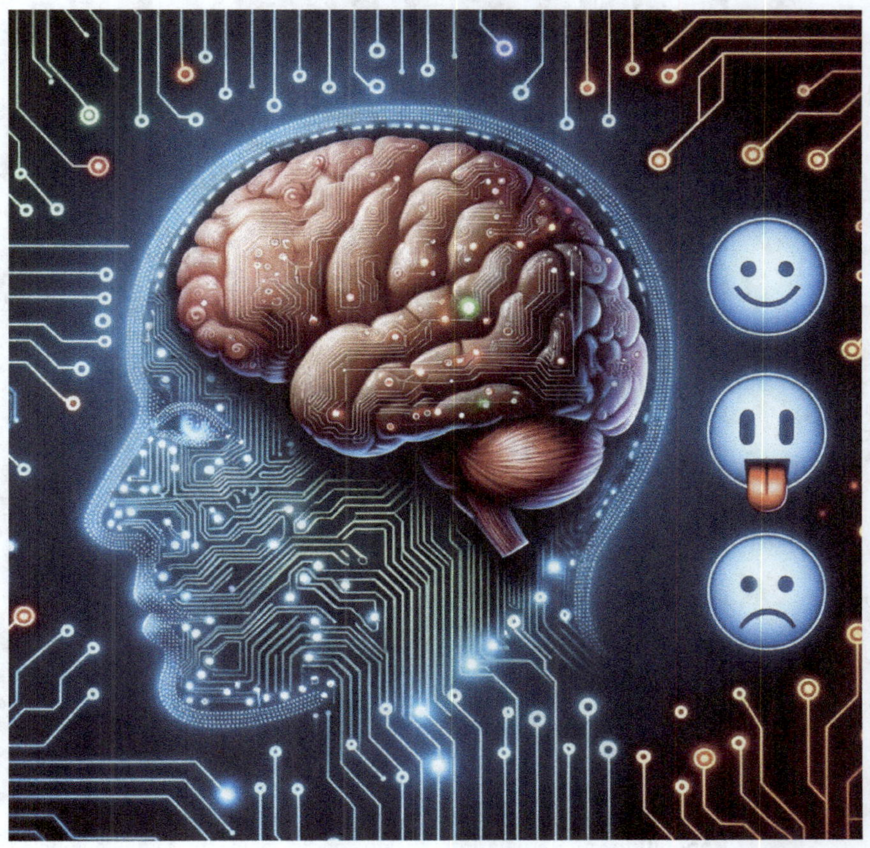

31. **Concours mondial :** une carte du monde sur laquelle différents pays sont reliés par des points lumineux représentant des flux de données. Des drones

portant des drapeaux de différents pays volent au-dessus.

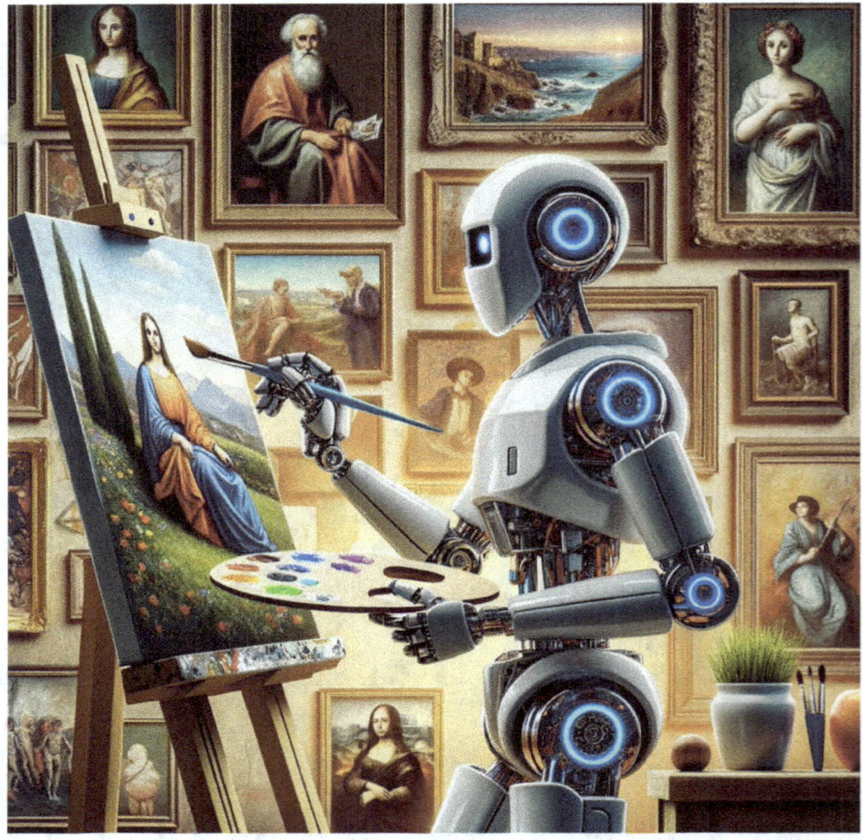

32. **Régulation et législation :** une photo d'un marteau (symbole de la législation) sur un livre intitulé "Régulation de l'IA", entouré de puces

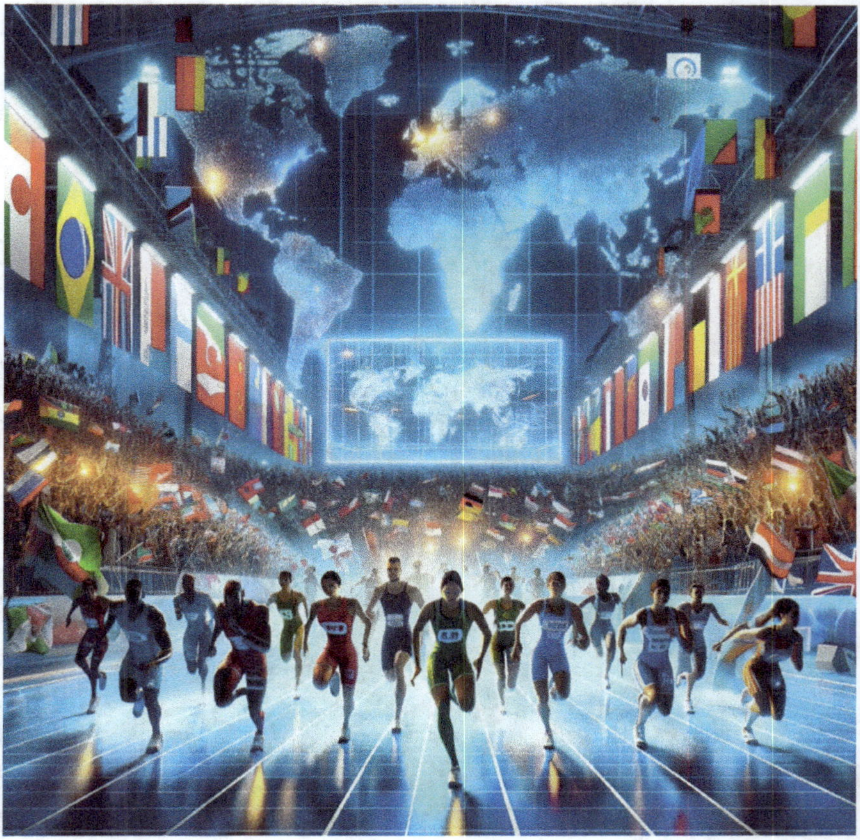

33. **Interaction homme-machine** : un dessin d'un homme et d'un robot se donnant la main, tandis qu'en arrière-plan flottent des symboles représentant

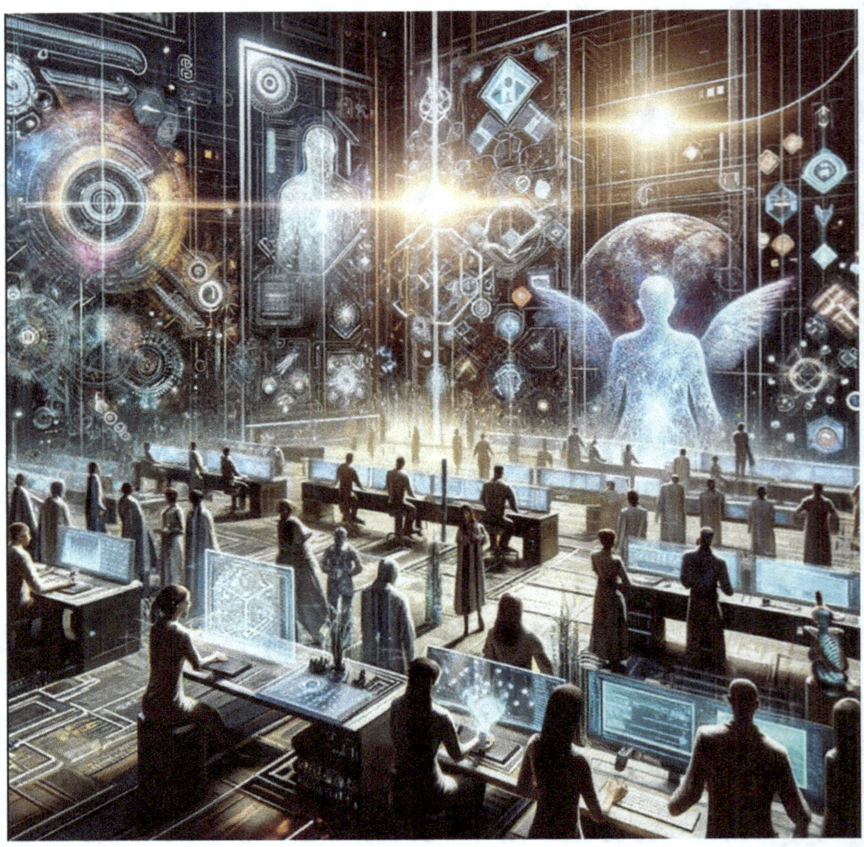

34.**Santé et longévité** : une photo d'un médecin tenant une tablette sur laquelle on peut voir une application d'IA. Des brins d'ADN et des appareils médicaux

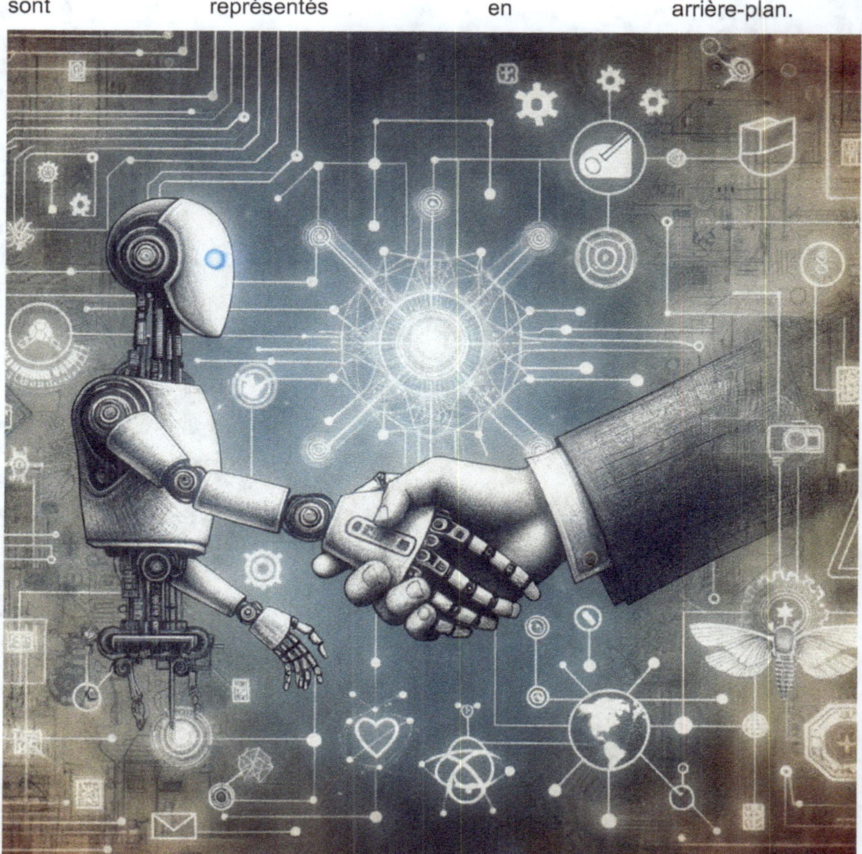

35. **L'IA dans la gouvernance :** une illustration d'un bâtiment gouvernemental devant lequel des robots et des humains manifestent ensemble, avec des

banderoles   disant   "IA   pour   tous"   et   "IA   juste".

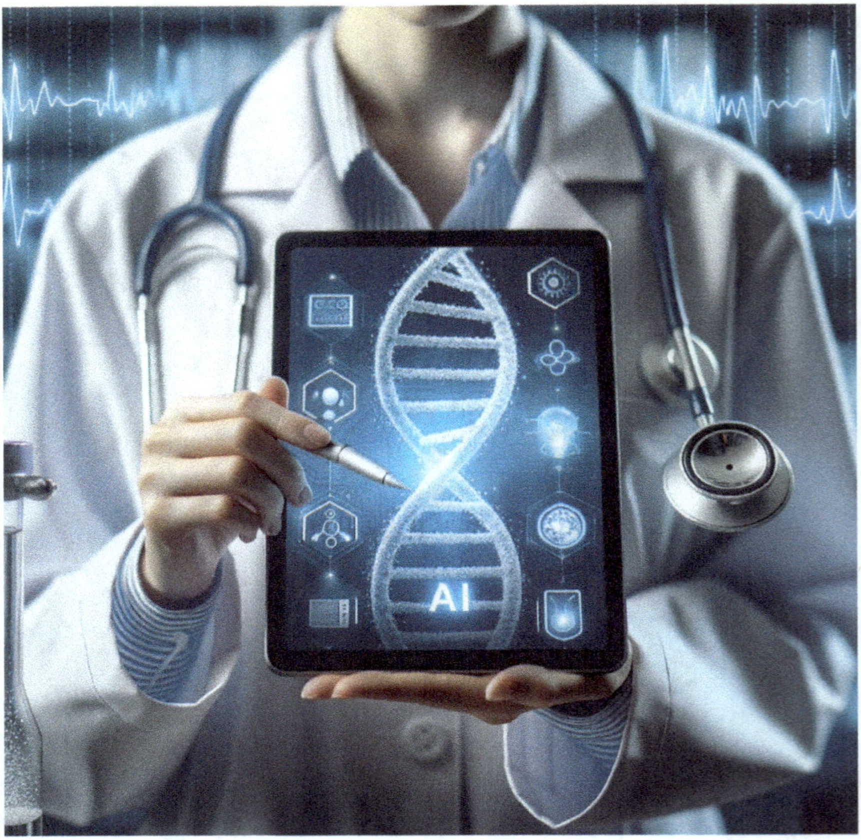

36. **Cybersécurité :** une photo d'un symbole de cadenas sur un fond numérique, entouré de codes binaires et de symboles d'avertissement.

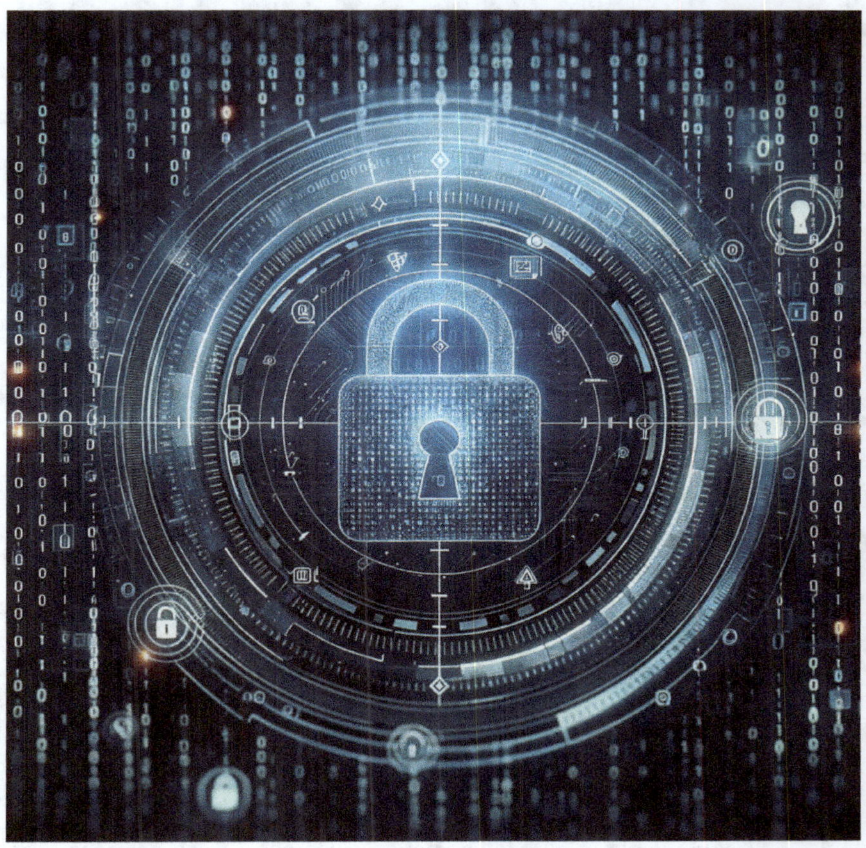

37. **Justice sociale et IA** : un dessin d'une balance dont l'un des côtés est occupé par un robot et l'autre par divers humains, afin de représenter

l'équilibre   entre   la   technologie   et   l'humanité.

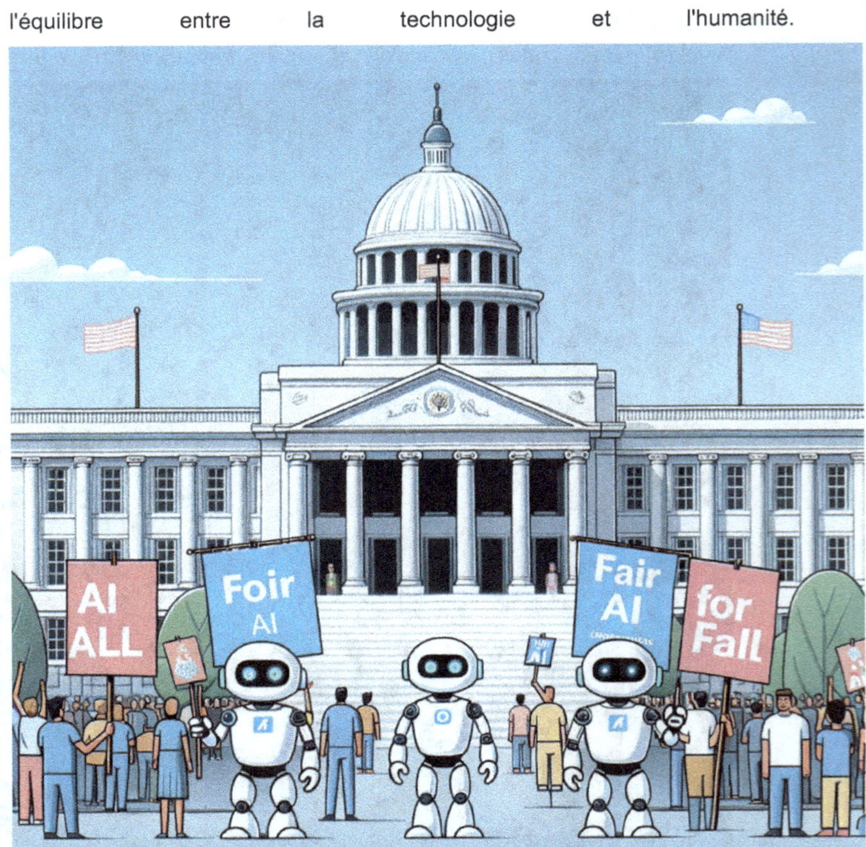

38. **Autonomie et autodétermination :** une photo d'une personne portant des
lunettes VR alors qu'elle navigue dans un paysage numérique présentant des

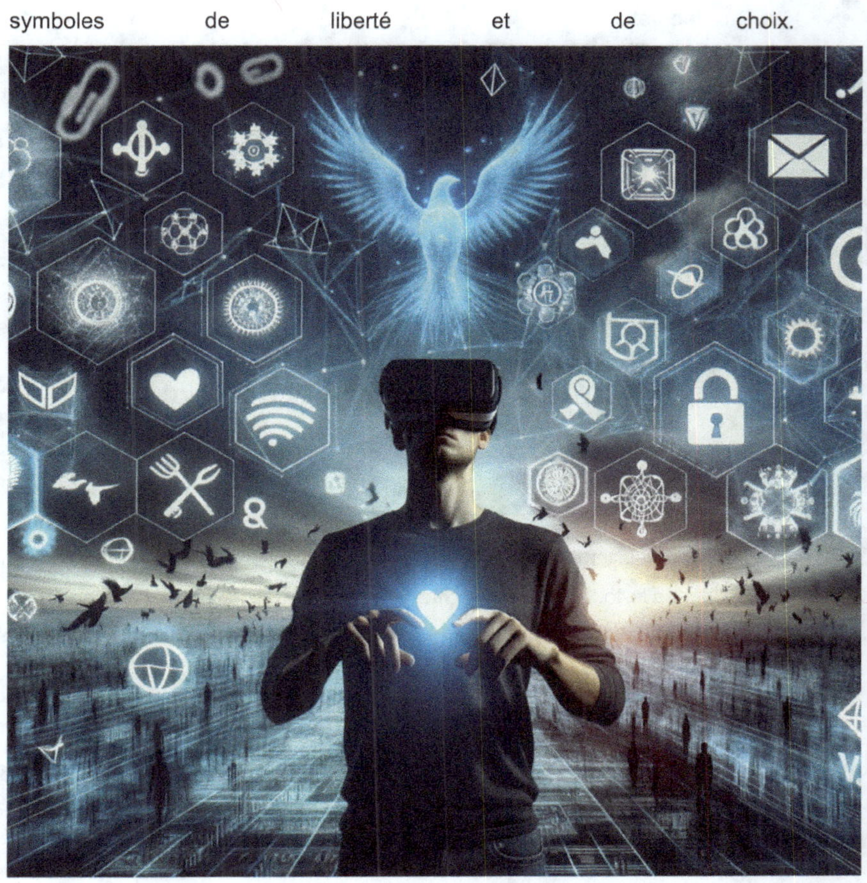

39. **Conclusion : une approche intégrée pour l'avenir de l'IA** : une photo montrant un groupe de personnes dans une salle de conférence lumineuse. Ils discutent avec animation et pointent du doigt un grand écran sur lequel sont visualisés différents concepts d'IA. La pièce dégage une atmosphère de

collaboration et d'optimisme.

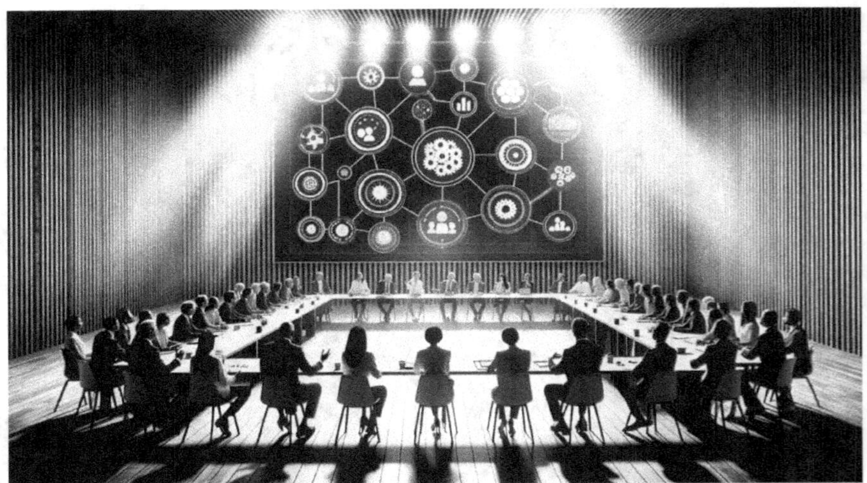

Alors, la prochaine fois que tu feuilleteras ce livre et que tu tomberas sur l'une des images, rappelle-toi que derrière chaque image se cache une technologie fascinante qui brouille de plus en plus les frontières entre l'homme et la machine. C'est une époque passionnante que nous vivons, n'est-ce pas ?

Si tu souhaites plonger plus profondément dans le monde de l'intelligence artificielle et comprendre comment tu peux l'utiliser dans ton travail, en tant qu'indépendant ou pour d'autres applications spécifiques, nous te recommandons vivement nos autres livres.

Nos autres livres couvrent une multitude de sujets et proposent des instructions pratiques pour utiliser la puissance de l'intelligence artificielle à tes propres fins. Chaque livre vise non seulement à te transmettre des connaissances théoriques, mais aussi à te fournir des outils concrets que tu pourras immédiatement appliquer dans ta vie professionnelle ou privée.

Alors, si tu veux faire le prochain pas dans ce monde technologique passionnant, n'hésite pas à consulter nos autres publications. Ce pourrait être le début d'un voyage fascinant.

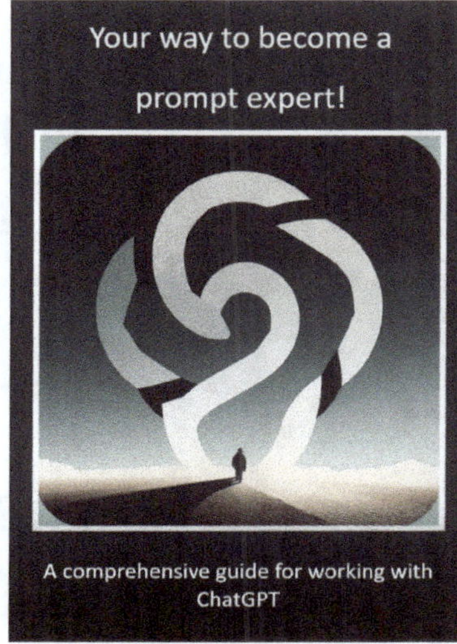
Your way to become a
prompt expert!
A comprehensive guide for working with
ChatGPT

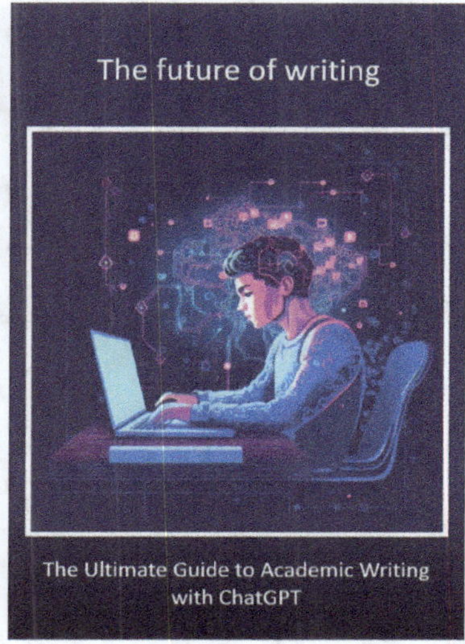
The future of writing
The Ultimate Guide to Academic Writing
with ChatGPT

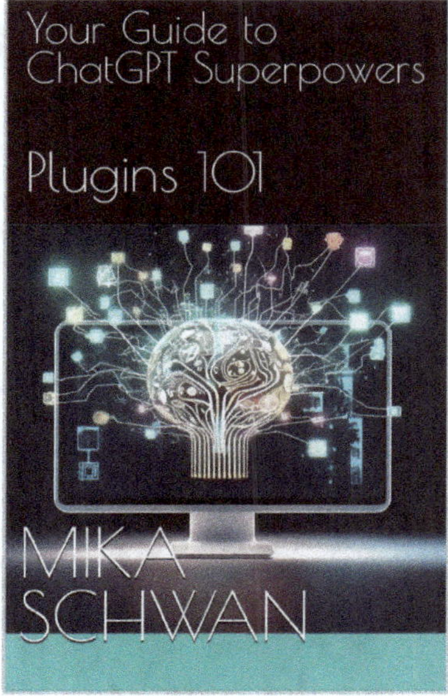
Your Guide to
ChatGPT Superpowers
Plugins 101
MIKA
SCHWAN

MIKA SCHWAN

Building a
side hustle

Intelligence,
Innovation,
1.000.000 $

The AI path to financial
freedom

UTILIZE THE POWER OF ARTIFICIAL INTELLIGENCE TO BOOST YOUR
INCOME AND PREPARE YOURSELF FOR THE WORKFORCE OF
TOMORROW!

Sources des images

[ChatGPT - OpenAI](http://chat.openai.com/) (http://chat.openai.com/), **consulté pour la dernière fois le 24 octobre 2023.**

Nos remerciements pour ta confiance

Chère lectrice, cher lecteur

Merci beaucoup pour ton soutien et ton intérêt pour notre livre sur l'intelligence artificielle. Nous sommes heureux d'avoir pu partager nos expériences et nos connaissances avec toi. Nous espérons que ce livre t'aidera à mieux comprendre l'IA et à l'utiliser plus efficacement.

Ce fut un plaisir de partager avec toi nos connaissances et nos expériences dans ce livre et nous espérons qu'il t'a aidé à développer une compréhension plus profonde du sujet.

Si tu souhaites rester informé(e) de notre travail dans le domaine de l'intelligence artificielle, n'hésite pas à t'inscrire à notre newsletter électronique. (https://bit.ly/3Uautfo)

Merci encore pour ton soutien et nous espérons nous lire à nouveau à l'avenir.

Inscription alternative à la newsletter via le code QR :

Merci encore pour ton soutien et nous espérons nous lire à nouveau à l'avenir.

Mentions légales

les textes : © Copyright by Mika Schwan, Lucas Greif et Andreas Kimmig

Conception de la couverture : © Copyright by Mika Schwan, Lucas Greif et Andreas Kimmig

Maison d'édition :

GbR avec Lucas Greif, Andreas Kimmig, Philipp Lepold, Mika Schwan

6, rue Kuppeheimerstraße

76476 Bischweier

mlap4life@gmail.com

www.ingramcontent.com/pod-product-compliance
Lightning Source LLC
Chambersburg PA
CBHW050732260726
48661CB00001B/194